LEDU

乐读

国际中文阅读教学课本

4

主编 苏英霞
编著 管延增 杨慧真 韩 梅

北京语言大学出版社
BEIJING LANGUAGE AND CULTURE UNIVERSITY PRESS

图书在版编目（CIP）数据

乐读 ：国际中文阅读教学课本 . 4 / 苏英霞主编 ；管延增，杨慧真，韩梅编著 . -- 北京 ：北京语言大学出版社，2021.11（2024.9 重印）

ISBN 978-7-5619-5896-4

Ⅰ. ①乐… Ⅱ. ①苏… ②管… ③杨… ④韩… Ⅲ. ①汉语－阅读教学－对外汉语教学－教材 Ⅳ. ① H195.4

中国版本图书馆 CIP 数据核字（2021）第 157547 号

乐读——国际中文阅读教学课本 4

LEDU——GUOJI ZHONGWEN YUEDU JIAOXUE KEBEN 4

英文审订：张轶鋆
排版制作：北京创艺涵文化发展有限公司
责任印制：邝　天

出版发行：北京语言大学出版社
社　　址：北京市海淀区学院路 15 号，100083
网　　址：www.blcup.com
电子信箱：service@blcup.com
电　　话：编辑部　8610-82303647/3592/3724
　　　　　发行部　8610-82303650/3591/3648
　　　　　北语书店　8610-82303653
　　　　　网购咨询　8610-82303908
印　　刷：北京联兴盛业印刷股份有限公司

版　　次：2021 年 11 月第 1 版　　印　　次：2024 年 9 月第 3 次印刷
开　　本：889 毫米 × 1194 毫米　1/16　　印　　张：10
字　　数：145 千字
定　　价：48.00 元

PRINTED IN CHINA

前言

《乐读——国际中文阅读教学课本》是中文阅读技能训练教材，全套共6册，适应零起点到中高级水平学生的学习需求。

1. 编写理念

本教材以培养汉语学习者中文阅读能力为目标，针对汉语学习者中文阅读难点和阅读能力提升需要，进行教材内容的设计与编写，突出阅读教材特色。我们认为，阅读教学的目的不能止于帮助学生读懂一篇文章，还要让学生学会怎样读懂一篇文章，通过有针对性的训练帮助学生提高中文阅读能力，即所谓“授之以渔”。阅读教材不同于一般读物，应为学习者阅读能力提升和教师进行阅读技能训练提供丰富而适用的学习和练习素材。

2. 教材特色

（1）定位明确，特色突出。本教材以阅读技能训练为核心，重视阅读理解能力的培养，基本不设口头表达等语言输出型练习。

（2）学、练素材丰富。本教材第一、二册为阅读入门阶段，以集中识字、提升词汇量为主，辅以句子和短文阅读，为进一步的阅读训练打下基础。从第三册开始，每课均包含“知识银行”“技巧训练”“阅读实践”三个主要板块，并针对细读、略读、查读几种阅读方式提供了相应的阅读材料，可以充分满足学生提升中文阅读能力时在语言知识积累、阅读技巧训练和阅读实践方面的需要。

（3）体裁、题材多样。为使学习者熟悉不同体裁和题材的中文阅读材料，本教材在课文体裁与题材的选择上注重多样化。课文体裁包括记叙文、应用文、议论文等，题材涉及学习、生活、自然、科技、社会与文化等多个方面。在“实况阅读”部分，还为学生提供了招牌、海报、启事、网络帖子等日常生活中随处可见的文字材料。

（4）训练层次清晰。本教材在体例设计上重视技能训练的科学性与层次性，从知识到技能再到实践，步步推进。在课文部分，教材提供了分步阅读指引，每个步骤均设计了有针对性的阅读理解练习，便于师生使用。

本教材的编者均有丰富的汉语教学经验，教材在正式出版之前在北京语言大学汉语速成学院速成系进行了五个学期的试用，并根据师生反馈的意见进行了多次修改。我们希望能够给大家呈现一套特色鲜明又好学易用的阅读教材，同时，也真诚地期待国际中文教育领域各位专家和同人关注这套教材并不吝赐教。

感谢各位作者的辛勤工作，感谢北京语言大学出版社对国际中文教材编写一如既往的支持和坚持不懈的努力，感谢为这套教材的编辑出版做出卓越贡献的编辑团队。

苏英霞

2021 年 4 月

本册使用说明

《乐读——国际中文阅读教学课本》是针对汉语学习者编写的阅读技能训练系列教材，按照难度等级分为六册。各分册在阅读材料主题选择、学习目标设定等方面各有侧重。本册为第四分册，目标群体为已基本掌握 HSK 一至四级词汇的学习者。本册教材旨在帮助准中级水平汉语学习者储备相关主题核心词汇，增强语感；掌握实用的阅读技巧及策略，提高阅读理解速度和准确度，逐渐养成良好、高效的阅读习惯；丰富相关主题的社会、文化背景知识，培养阅读兴趣，体验阅读乐趣。

1. 内容简介

本册共十二课，选取的阅读材料体裁以记叙文、报道、介绍性说明文、应用文为主，内容涵盖衣食住行、名人故事、科技环保、历史文化等方面。所选材料自然真实，具有较强的实用性和趣味性，力求体现“乐读”系列教材的编写理念。在阅读材料难度设置方面，本册教材课文主要覆盖 HSK 一至四级词汇，生词以 HSK 四级词汇为主，也有部分与主题相关的 HSK 四级以上和大纲以外的词汇。

本教材将语言知识学习、阅读技巧训练与阅读实践相结合，重视教学内容设计的科学性、系统性。

具体体例安排如下：

第一部分：知识银行。包括常用字、常用书面词语及常用句式的讲解与练习，旨在有意识地培养准中级水平汉语学习者汉字、书面词语及句式的学习策略，丰富其知识储备。

第二部分：技巧训练。每课针对词义或句义理解方面的某一类阅读技巧进行集中讲解和训练，引导学习者理解并运用一些最基本的阅读技巧策略，如：运用汉字知识猜测字义，通过语素义和词语内部结构推测词义，通过词语搭配、同现的反义词或近义词、词语的色彩义等准确把握词义，利用缩略法、关联词、形式标志等准确理解句义，等等。

第三部分：阅读实践。包括精读、泛读、实况阅读三大部分。精读与泛读部分包括常见主题核心词汇与扩展词汇学习、热身练习、课文内容理解练习、句义理解及词义理解等内容，并在此基础上引导学习者把握课文主旨，运用本课主题核心词汇进行简短的相关介绍、观点表达等。实况阅读部分包括两类：第一类，说明文阅读，帮助学习者积累日常学习和生活中广泛接触并需具备的历史、文化等常识；第二类，信息查找，如查看历史朝代表、列车时刻表、旅游信息等，任务设计突出实用性，旨在帮助学习者解决日常学习或生活中的常见问题。

第四部分：趣味汉语。包括趣味小知识、熟语、网络流行语等，以调节阅读节奏与强度，做到有张有弛。

2. 教材使用建议

教材使用应遵循“精讲多读”“学以致用”“快乐阅读”的原则。阅读内容教学方面，力求使学习者通过本课的学习掌握本课主题最核心的基本词汇，准确把握相关字义、词义、常用扩展用法及常用句型。阅读技巧方面，初步培养学习者根据阅读目的及体裁等的不同，选择相应阅读方式的能力，通过大量针对性技巧训练及综合运用训练，帮助准中级水平汉语学习者逐渐克服汉字阅读畏难情绪，训练学习者在茫茫“字海”中尽快捕捉有用信息的能力。实况阅读部分，建议教师给出范例，布置课下阅读实践任务，将阅读有效扩展至真实的社会环境之中。

本教材基本按照通行的阅读课堂教学步骤编写，教师可按照教材建议的步骤安排教学内容，亦可根据学习者特点及教学实际对教材内容进行取舍。课时分配建议如下：4 ～ 5 课时完成一课，第 1 课时完成知识银行、技巧训练及精读的生词学习部分，第 2 ～ 3 课时完成热身练习及精读的课文部分，第 4 课时完成泛读部分，第 5 课时完成实况阅读部分。要求学习者课前只预习知识银行及精读的生词学习部分，不预读课文；要求学习者课后认真复习，将所学词语、句式、阅读技巧等知识进行梳理归类，并储备于自己的“知识银行”之中。

以上建议仅供参考，教师可根据学习者汉语水平、课程设置等具体情况对教材中的设计安排进行灵活调整。在此诚挚欢迎广大专家、同人、汉语学习者对本册教材进行批评指正。

编者

2021 年 5 月

目　录

第一课　美食的故事

第一部分：知识银行

（一）常用字

1　馆　guǎn 

形声字（xíngshēngzì，pictophonetic character），"饣"为意符，"官"为声符，本义为提供住宿和饮食的房舍。

现代汉语常用义：招待旅客或宾客居住的房屋；某些服务性商店的名称；储藏陈列图书、文物或进行文化体育活动的场所。

例：宾馆（bīnguǎn，hotel）　　饭馆（fànguǎn，restaurant）
照相馆（zhàoxiàngguǎn，photo studio）　　图书馆（túshūguǎn，library）
博物馆（bówùguǎn，museum）　　体育馆（tǐyùguǎn，gymnasium）

练习：猜一猜画线词语的意思

（1）周末我常常去文化馆学习唱歌。

（2）旅行前需要预订合适的旅馆。

2　面　miàn 

简化字"面"实际上对应了两个完全不同的繁体字（fántǐzì，the original complex form of a simplified Chinese character）：

（1）表示"人脸"的"面"，甲骨文字形如上图，这个"面"是象形字（xiàngxíngzì，pictographic character）。

（2）繁体字"麵"，这个"麵"是形声字，"麥"是意符，"面"是声符，本义是小麦磨（mò，to grind）成的粉（fěn，powder），即面粉。

现代汉语常用义：脸；当面；物体的表面；方位词后缀；特指小麦磨成的粉；面条儿。

例：面部（miànbù，face） 面对（miànduì，to face）
水面（shuǐmiàn，water surface） 上面（shàngmiàn，on, above）
面包（miànbāo，bread） 一碗面（yì wǎn miàn，a bowl of noodles）

练习：猜一猜画线词语的意思

（1）我的朋友最爱吃面。
（2）这里的路面高低不平。
（3）外面太冷了，快进屋吧！
（4）今天他要面见国王。

（二）常用书面词语

1 于：介词，意思是“在”。

（1）她生于1990年。
（2）我毕业于北京大学。

2 饮：动词语素，意思是“喝”。

（1）中国人很早就有饮茶的习惯了。
（2）过量饮酒对身体有害。

（三）常用句式

1 从……V起：表示从……开始……。

（1）这本书我们从第一课学起。
（2）中国的历史，得从5000年前说起。

练习：用“从……V起”改写句子

（1）这件事我不知道从哪儿开始做。

____

（2）请从课文的第一段开始读。

____

2 ……上： 表示在……方面。

A：你在北京过得怎么样？

B：挺好的，学习上不太紧张，生活上也很方便。

练习：用“……上”改写句子

（1）这些年轻人把大部分钱都花在吃和玩儿的方面了。

____

（2）我觉得这个地方挺不错的，只是饮食方面我不太习惯。

____

第二部分：技巧训练

技巧（一）：运用汉字知识推断字义

汉字总量很大，其中80%以上是形声字。形声字是由表示意义的“意符”和表示读音的“声符”两个部分组成的。例如，“江、河、湖”这几个字都是形声字，左边的“氵”表示这几个字的意思都和“水”有关，右边的“工、可、胡”表示这些字的读音。虽然由于古今语音的不同、古今字义的变化等原因，意符表示的意义和声符表示的读音有许多与过去不一致了，但是了解这些知识，对推测汉字的意思还是很有帮助的。

练习：通过意符找出汉字对应的意思并连线

恐（kǒng）	一种病
疯（fēng）	一种心情（害怕）
拎（līn）	用米粉、面粉做的食品
瞧（qiáo）	一种动物
獾（huān）	用手提着
糕（gāo）	看

第三部分：阅读实践

（一）精读

1 生词学习

1	详细	xiángxì	Adj	detailed	详细记录；介绍得很详细 这本书详细记录了中国汉朝（Hàncháo，Han Dynasty）的历史。
2	风俗	fēngsú	N	custom	风俗习惯；当地风俗 各国的风俗习惯都不太相同。
3	团圆	tuányuán	V	to reunite (with one's family members)	全家团圆；团圆的节日 中秋节是全家团圆的节日。
4	平安	píng'ān	Adj	safe and sound	全家平安；一路平安 祝大家幸福平安。
5	而	ér	Conj	but, on the other hand	哥哥很喜欢运动，而我却一点儿都不喜欢。
6	差别	chābié	N	difference, disparity	A 和 B 的差别；差别很大 / 小 “可是”和“不过”这两个词的意思差别不大。
7	保留	bǎoliú	V	to keep, to retain	保留原样；保留到现在 他的书大部分都送人了，自己只保留了一小部分。
8	称	chēng	V	to call, to be known as	A 称 B（为）……；B 被（A）称为…… 他工作努力，大家都称他“老黄牛”。 自行车也被称为单车。
9	材料	cáiliào	N	material	建筑（jiànzhù，building）材料；学习材料 这个菜是用五种材料做成的。
10	富有	fùyǒu	Adj	rich	富有的家庭；富有的商人 他出生于一个富有的家庭。
11	发财	fā//cái	VO	to get rich, to make a fortune	恭喜（gōngxǐ，to congratulate）发财；发大财 他这几年生意做得很好，发财了。

专有名词

1	汉朝（代）	Hàncháo (dài)	PN	Han Dynasty
2	宋朝（代）	Sòngcháo (dài)	PN	Song Dynasty
3	明清时期	Míng-Qīng Shíqī	PN	period of Ming and Qing dynasties
4	苏南	Sūnán	PN	southern regions of Jiangsu
5	福建	Fújiàn	PN	Fujian, a province in China
6	福州	Fúzhōu	PN	Fuzhou, capital of Fujian Province
7	浙江	Zhèjiāng	PN	Zhejiang, a province in China
8	杭州	Hángzhōu	PN	Hangzhou, capital of Zhejiang Province

2 热身练习

（1）根据提示，将下列词语与相应的图片用线连接起来

	饺子（jiǎozi） （用面皮把菜、肉做的馅儿包起来，然后水煮）	
	粽子（zòngzi） （用糯米和一种叶子做的，常在端午节吃）	
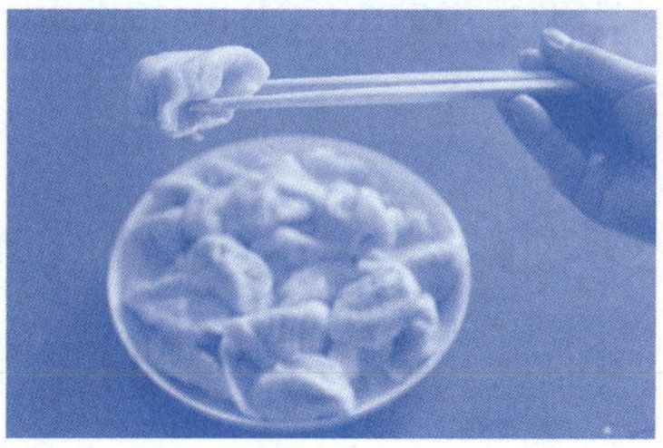	春卷（chūnjuǎn） 〔用面皮包住菜、肉，卷（juǎn，to roll up）成长条形，然后油炸〕	
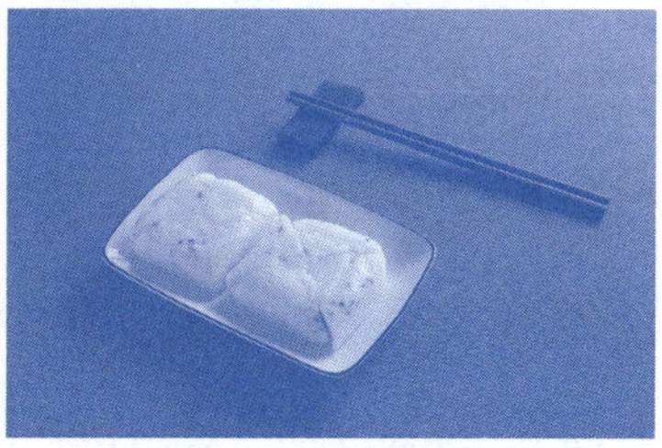	年糕（niángāo） （一种用米做成的糕，常在过年时吃）	
	汤圆（tāngyuán） （放在水中煮的一种圆圆的食品）	

（2）选择合适的词语填空

A 富有　B 而　C 保留　D 详细　E 材料

① 南北方春节时饮食的差别，从明清时期一直________到了现在。

② 春节早在汉朝以前就有了，但有________记录的过春节的风俗习惯，还得从宋朝说起。

③ 除夕夜，北方一般吃饺子，________南方的饮食则更丰富。

④ 浙江杭州等地会用八种________做成八宝菜，意思是________、发财。

3 课文：古人春节时吃什么？

► 第一步：读前思考，读后回答

思考题：

（1）你知道中国人春节时吃什么吗？

（2）你知道古代的中国人春节时吃什么吗？

1　春节，古代称为“新正、元日”等，是中国人最重要的节日，古代的中国人吃什么庆祝春节呢？

2　春节早在汉朝以前就有了，但有详细记录的过春节的风俗习惯，还得从宋朝说起。中国人过春节的风俗，很多都始于宋朝。那时候，人们过年就已经吃饺子了，饺子表示团圆平安。宋代人过年还要饮屠苏（túsū，name of an ancient wine）酒，屠苏酒是一种由多种中草药做成的酒，这种风俗在当时很流行。

3　宋代过年也要守岁，就是在春节前一晚不睡觉。大人们担心小孩子觉得无聊，会准备一些好吃的东西。比如宋代的皇宫（huánggōng，imperial palace）中会准备各种糕点（gāodiǎn，cake, pastry）给宫中的皇子食用；而在普通百姓家，虽不能像宫中那么丰富，但也尽己所能，让小孩子吃得满意、玩儿得开心。

4　明清时期过春节的风俗在形式上跟宋朝差不多，当时南北方春节饮食的差别也保留到了现在。比如北方一般吃饺子，而南方的饮食则更丰富。广东、广西人会包粽子，称为“年粽”；苏南和上海等地做春卷、做年糕、吃汤圆；福建的福州等地在过年那天早上会吃面条儿和表示平安的鸡蛋；浙江杭州等地会用八种材料做成八宝菜，意思是富有、发财。

（课文字数：431 字）

本文改编自中华书局 2013 年 11 月出版的《衣食住行》，作者种方、高中正

► 第二步：细读课文，回答问题

（1）有详细记录的过春节的风俗习惯，是从什么时候开始的？（第 2 段）

____

（2）过年时为什么吃饺子？（第 2 段）

____

（3）守岁时，大人会给孩子们准备什么？（第 3 段）

____

（4）在福州，过年为什么要吃鸡蛋？（第 4 段）

____

（5）杭州人吃的八宝菜表示什么意思？（第 4 段）

____

► 第三步：根据课文内容判断对错（在括号中填“对”“错”或“没提到”）

（1）春节是从宋朝开始的。（　　　　）

（2）守岁时，宋朝皇宫中会准备糕点给老百姓吃。（　　　　）

（3）明清时期南北方春节饮食的不同一直保留到了现在。（　　　　）

（4）唐朝，人们在春节时常常吃面饼。（　　　　）

► 第四步：句义理解

（1）有详细记录的过春节的风俗习惯，还得从宋朝说起。（第 2 段）

A 从宋朝开始，有了详细记录的过春节的风俗习惯

B 有详细记录的过春节的风俗习惯，一直到宋朝还有

C 有详细记录的过春节的风俗习惯，到宋朝就结束了

（2）但也尽己所能，让小孩子吃得满意、玩儿得开心。（第 3 段）

A 但也拿出所有的食品，让小孩子吃得满意、玩儿得开心

B 但也用自己最大的能力，让小孩子吃得满意、玩儿得开心

C 但也花光了所有的钱，让小孩子吃得满意、玩儿得开心

► 第五步：词义理解（说一说画线词语的意思）

（1）宋代人过年还要饮屠苏酒，这种风俗在当时很流行。（第 2 段）

（2）宋代过年也要守岁，就是在春节前一晚不睡觉。（第 3 段）

（3）大人们担心小孩子觉得无聊，会准备一些好吃的东西。（第 3 段）

► 第六步：朗读课文

（二）泛读

“宫保鸡丁”的来历

1 “宫保鸡丁”是四川（Sìchuān，Sichuan, a province in China）菜中的传统名菜，是用鸡肉、辣椒、花生、黄瓜、大葱等做成的，鸡肉的鲜嫩和花生的香脆使这道菜很受欢迎。在外国，“宫保鸡丁”也很流行，差不多成了中国菜的代表。有些饭馆的菜单上把这道菜写成“宫爆鸡丁”，因为做这道菜的方法是“爆炒”，其实这是不对的。要说清楚这道菜的名字，还得从“宫保鸡丁”的来历说起。

2 一般认为，这道菜跟清朝人丁宝桢（Dīng Bǎozhēn）有关系。丁宝桢在山东当官时对老百姓很好，很受老百姓的喜爱，后来他又去四川当官。山东人爱吃大葱，四川人爱吃辣椒，这些生活习惯都影响了他。他很喜欢吃辣椒与鸡肉、大葱一起爆炒的菜，每次在家里请客时，他都让家里的厨师用花生、辣椒、大葱炒鸡肉，味道鲜美，很受客人的欢迎。后来，这道菜慢慢有了名气。丁宝桢去世后，获得了“宫保”的称号，后代人因此称他为“丁宫保”，所以这道菜也被称为“宫保鸡丁”。

生词：

1. 宫保鸡丁 gōngbǎo jīdīng Kung Pao Chicken
2. 来历 láilì N origin, source
3. 花生 huāshēng N peanut
4. 黄瓜 huángguā N cucumber
5. 大葱 dàcōng N green Chinese onion
6. 嫩 nèn Adj tender
7. 脆 cuì Adj crisp
8. 爆炒 bàochǎo V to sauté
9. 官 guān N officer
10. 厨师 chúshī N cook, chef
11. 去世 qùshì V to pass away, to die

3 “宫保鸡丁”的叫法是为了表示对丁宝桢的纪念。但是，时间过去了这么久，很多人已不知“宫保”是什么意思了，就把“宫保鸡丁”写成了“宫爆鸡丁”，虽一字之差，但古人纪念丁宝桢的意思却没有了。

（课文字数：457字）

本文改编自中华书局2013年11月出版的《衣食住行》，作者种方、高中正

12. 获得 huòdé V to obtain

13. 称号 chēnghào N title

14. 后代 hòudài N descendant

15. 纪念 jìniàn V to commemorate

1 内容理解

（1）做“宫保鸡丁”的材料有哪些？（第1段）

______

（2）丁宝桢在哪儿当过官？（第2段）

______

（3）为什么这道菜叫“宫保鸡丁”？（第2段）

______

（4）为什么有些菜单上把这道菜的名字写成“宫爆鸡丁”？（第1、3段）

______

2 查一查

查一查菜名“麻婆豆腐、过桥米线、鱼香肉丝”的来历，利用课下时间给同学或朋友讲一讲。

（三）实况阅读

菜单

凉菜	热菜	主食	酒水
小葱拌豆腐 10 元 / 盘	宫保鸡丁 28 元 / 盘	米饭 3 元 / 碗	燕京啤酒 10 元 / 瓶
凉拌黄瓜 10 元 / 盘	鱼香肉丝 28 元 / 盘	面条儿 10 元 / 碗	青岛啤酒 12 元 / 瓶
盐水花生 12 元 / 盘	麻婆豆腐 25 元 / 盘	饺子 20 元 / 份	红星二锅头 12 元 / 瓶
爽口拌菜 15 元 / 盘	醋熘土豆丝 16 元 / 盘	葱油饼 15 元 / 份	可口可乐 5 元 / 听
卤牛肉 35 元 / 盘	清炒西蓝花 18 元 / 盘	蛋炒饭 20 元 / 份	雪碧 5 元 / 听
麻辣鸡丝 25 元 / 盘	西红柿炒鸡蛋 15 元 / 盘		果粒橙 10 元 / 瓶
	红烧鱼 48 元 / 盘		农夫山泉 3 元 / 瓶

阅读菜单，回答问题

① 这张菜单中的食品分成了哪几类？

② 点一盘小葱拌豆腐、一盘鱼香肉丝、一碗米饭，需要多少钱？

③ 在这家饭馆可以吃到面条儿吗？

④ 如果在这家饭馆吃饭，你想点什么？

第四部分：趣味汉语

（一）烹饪术语（pēngrèn shùyǔ，cooking terms）

查词典，把下列词语和相应的英文意思用线连接起来

烤（kǎo）	to mix and stir
炸（zhá）	to steam
拌（bàn）	to roast, to bake
煮（zhǔ）	to fry
蒸（zhēng）	to cut
切（qiē）	to boil

（二）餐具名称（cānjù míngchēng，tableware terms）

查词典，把下列词语和相应的数量短语、英文意思用线连接起来

	碗（wǎn）	chopsticks
一双	盘子（pánzi）	bowl
一把	筷子（kuàizi）	fork
一个	勺子（sháozi）	plate
	叉子（chāzi）	spoon

第二课　历史故事

第一部分：知识银行

（一）常用字

1　感　gǎn 

形声字，“心”是意符，“咸”(xián）是声符，本义是感动。

现代汉语常用义：感觉；感动。

例：感觉（gǎnjué，to feel; feeling）　　幽默感（yōumògǎn，sense of humor）

　　感情（gǎnqíng，emotion, feeling）　　感动（gǎndòng，moved）

练习：猜一猜画线词语的意思

（1）我对那个人没什么好感。

（2）钱不一定能增加人的幸福感。

（3）请谈谈你看完那本书的感想。

2　动　dòng 

形声字，繁体字是“動”，“力”是意符，“重”(zhòng）是声符，本义是行动、发作。

现代汉语常用义：行动；使用；思想感情受到影响而产生变化；改变状态或位置。

例：运动（yùndòng，sport）　　动脑子（dòng nǎozi，to use one’s head）

　　动人（dòngrén，moving, touching）　　动身（dòngshēn，to depart, to set off）

练习：猜一猜画线词语的意思

（1）我第一次看到她就有心动的感觉。

（2）君子（jūnzǐ，man of noble character）动口不动手。

（3）《小苹果》这首歌很有动感。

（二）常用书面词语

首：意思是“第一”。

（1）中国的人口总数居世界之首。

（2）这是我们两家公司首次合作。

（三）常用句式

1 任何……都……

（1）任何人都要遵守法律。

（2）任何问题都能找到解决的办法。

练习：组句

我　事情　任何　不想　都　最近　做

____

2 称……为……

（1）人们称北京语言大学为“小联合国”。

（2）中国人称孔子为圣人（shèngrén，sage）。

练习：组句

人们　为　“活字典”　称　他

____

第二部分：技巧训练

技巧（二）：通过词缀推测词义

汉语中，“子”“儿”“们”等被称为词缀，可以构成“桌子、椅子”“花儿、鸟儿”“你们、他们”等词。还有一部分类似词缀的成分，它们的特点是位置固定、构词能力强，了解这些类词缀的意义对推测词义也很有帮助。如：

（1）员：运动员、售货员、演员

（2）家：画家、思想家（sīxiǎngjiā，thinker）、哲学家（zhéxuéjiā，philosopher）
（3）手：歌手、新手、老手
（4）者：作者、旅游者、消费者
（5）迷：歌迷、书迷、影迷
（6）化：现代化、自动化、全球化
（7）感：动感、羞耻感（xiūchǐgǎn，sense of shame）

练习：猜一猜画线词语的意思

（1）她在车上贴了一张纸，上面写着“新手司机”。
（2）王羲之（Wáng Xīzhī）是中国古代著名的书法家。
（3）一些外国公司的产品在本土化方面做得不太好。

第三部分：阅读实践

（一）精读

1 生词学习

1	地位	dìwèi	N	status	有 / 没有地位；地位高 / 低 随着社会的发展，女性的地位提高了。
2	传播	chuánbō	V	to spread, to disseminate	传播知识；传播文化 孔子的思想传播到了很多国家。
3	善良	shànliáng	Adj	good and honest, kind-hearted	非常善良；善良的人
4	经历	jīnglì	V	to go through, to experience	经历 100 多年的发展，这家公司成了国际化大公司。
			N	experience	学习经历；人生经历；经历丰富 老师让学生们介绍一下儿自己学习汉语的经历。
5	罪犯	zuìfàn	N	criminal	那个罪犯；抓罪犯
6	态度	tàidù	N	attitude	服务态度；态度好；态度积极
7	拒绝	jùjué	V	to refuse	拒绝别人；拒绝……的请求 / 要求 对我来说，拒绝别人是一件很难的事。

8	任何	rènhé	Pron	any	任何人；任何事；任何国家； 任何……都…… 有了网络，任何人可以在任何时间、任何地方学习。
9	随口	suíkǒu	Adv	casually, (to say) without much thinking	随口答应；随口说 丈夫没看妻子的新衣服，随口就说"好看"。
10	脱	tuō	V	to take off, to strip	脱衣服；脱鞋；脱下来
11	自在	zìzai	Adj	free, unrestrained	很自在；不自在 第一次跟女朋友的父母一起吃饭，他感觉不太自在。
12	感动	gǎndòng	Adj	moved	他看了那部电影，深受感动。
			V	to move, to touch	感动读者；令人感动 这本小说写得不错，读起来非常令人感动。

专有名词

1	明朝	Míngcháo	PN	Ming Dynasty
2	越南	Yuènán	PN	Vietnam

2 热身练习

（1）快速找出下列句子中的本课生词

① 他的思想不但影响了中国人，而且先后传播到了韩国、日本、越南等国家。

② 王阳明不但亲手给罪犯穿上了衣服，还请他喝茶，罪犯感动得大哭起来。

③ 他给王阳明讲了一遍自己的人生经历——如何从一个普通人变成了罪犯。

（2）选择合适的词语填空

A 任何　B 随口　C 地位　D 善良

① 他们认为坏人就是坏人，坏人不可能有________的心，也不会感到羞耻。

② 他被抓住以后态度非常不好，拒绝回答________问题。

③ 罪犯眼睛看着天，________说："那有什么不敢的？"

④ 他的________相当于"明朝的孔子"。

3 课文：坏人也有良知吗？

▶ 第一步：读前思考，读后回答

思考题：
罪犯后来为什么愿意跟王阳明交流了？

1 王阳明是中国明朝著名的思想家、哲学家。很多学者认为，王阳明对后世的影响力居明朝之首，他的地位相当于“明朝的孔子”。他的思想不但影响了中国人，而且先后传播到了韩国、日本、越南等国家。在他的思想中，有一个观点是“坏人也有良知（liángzhī，conscience）”。“良知”的意思是知道什么是善、什么是恶，有羞耻感。当时有很多人不同意这个观点，他们认为坏人就是坏人，坏人不可能有善良的心，也不会感到羞耻。

2 王阳明认为“坏人也有良知”，是因为他经历过的一件事。王阳明在一个地方当县令（xiànlìng，county magistrate）时，抓到了一个做过许多坏事的罪犯。这个罪犯觉得自己做的坏事太多，肯定会被杀死，因此被抓住以后态度非常不好，拒绝回答任何问题，只希望自己能快点儿死。

3 王阳明听说这件事以后，亲自去找这个罪犯，他说：“听说你完全不怕死，那你敢不敢跟我喝喝茶、聊聊天儿？”罪犯眼睛看着天，随口说：“那有什么不敢的？”

4 王阳明笑了笑，说：“现在正是一年中最热的时候，你把外衣脱了，咱们随便聊聊。”

5 罪犯无所谓地说：“脱就脱！”

6 过了一会儿，王阳明又说：“天气实在是太热了，把上衣也脱了吧。”

7 罪犯仍然完全不在乎地说：“没问题啊！”

8 又过了一会儿，王阳明说：“上衣都已经脱了，咱们要不把内衣也脱了吧，这样就更自在、更凉快了。”

9 罪犯听了，连忙说："不行，不行。"

10 王阳明说："你连死都不怕，为什么不敢脱内衣呢？看来你还是有羞耻心的，不是一无是处呀！"

11 然后，王阳明不但亲手给罪犯穿上了衣服，还请他喝茶，罪犯感动得大哭起来。他给王阳明讲了一遍自己的人生经历——如何从一个普通人变成了罪犯，接着说出了其他罪犯在哪儿。后来，王阳明根据这些情况，把其他罪犯都抓住了。

（课文字数：664 字）

► 第二步：细读课文，回答问题

（1）王阳明是谁？（第 1 段）

____

（2）罪犯为什么哭了？（第 11 段）

____

（3）罪犯经历的人生变化是什么？（第 11 段）

____

► 第三步：句义理解

（1）那有什么不敢的？（第 3 段）

A 有什么不敢做的事情？

B 任何事情都不敢做

C 没有什么事情是不敢做的

（2）罪犯无所谓地说："脱就脱！"（第 5 段）

A 罪犯觉得不应该脱衣服

B 罪犯不想脱衣服

C 罪犯不关心脱不脱衣服

► 第四步：词义理解（为画线词语选择合适的意思）

（1）<u>亲自</u>去找这个罪犯。（第 3 段）

A 别人　　B 自己　　C 主动

（2）罪犯①仍然完全②不在乎地说……。（第 7 段）

①A 还是　　B 自然　　C 但是

②A 无所谓　　B 不意外　　C 没关系

（3）……不是一无是处呀！（第 10 段）

A 只有一个优点　　B 没有优点　　C 有很多优点

► 第五步：朗读课文

（二）泛读

曹冲称象

1　三国时期，南方的吴国送给曹操一头大象，曹操十分高兴。大象到达的那一天，曹操带着官员们和小儿子曹冲去观看。北方人从来都没有见过大象，人们看到大象后非常兴奋，不停地问东问西。突然，有一个人问："这头大象有多重？谁有办法称一称？"一位官员说："要称这头大象，只能造一个特别大的秤。"另一位官员马上表示反对："谁能造这么大一个秤啊？"又有一位官员说："依我看，可以把它杀了，然后一块一块地称。"他的话刚说完，所有的人都哈哈大笑起来。有人说："这个办法怎么行啊？为了知道大象的重量把大象杀了，这不是杀鸡取卵吗？"官员们想来想去，也想不出好办法。

2　这时，曹冲对曹操说："父亲，我有个办法，可以称大象。"曹操听了，笑着问："你有什么法子？"曹冲回答说："您过会儿就会明白的。"

生词：

1. 曹冲　Cáo Chōng　PN
   one of Cao Cao's sons
2. 称　chēng　V
   to weigh
3. 象　xiàng　N
   elephant
4. 吴国　Wúguó　PN
   the Kingdom of Wu
5. 曹操　Cáo Cāo　PN
   Cao Cao, a statesman and militarist of the Three Kingdoms Period
6. 官员　guānyuán　N
   official
7. 秤　chèng　N
   scales, balance

3 曹冲让人把大象牵到船上，等船稳定了，在船身齐水面的地方做了个记号。再叫人把大象牵回岸上，接着把大大小小的石头一块块地往船上装，船就一点儿一点儿地往下沉。等船身上的那个记号和水面一样齐了，曹冲就叫人停止装石头。官员们看到这里都纷纷称赞："真是好办法！"现在谁都明白了，只要把船上所有的石头称一下儿，就知道大象的重量了。

4 这就是有名的"曹冲称象"的故事。

（课文字数：489字）

8. 稳定 wěndìng Adj steady
9. 记号 jìhao N mark
10. 岸 àn N bank, shore
11. 停止 tíngzhǐ V to stop
12. 称赞 chēngzàn V to praise

1 内容理解

（1）大家见到大象为什么很高兴？（第1段）

____

（2）文中提到了几种称大象的方法？（第1～3段）

____

（3）简单概括一下曹冲称象的方法。（第3段）

第一步	
第__步	
第__步	
第__步	

2 读后讨论

（1）第1段"不停地问东问西"中的"问东问西"是什么意思？
（2）第1段"这不是杀鸡取卵吗"中的"杀鸡取卵"是什么意思？

（三）实况阅读

中国历史朝代简表

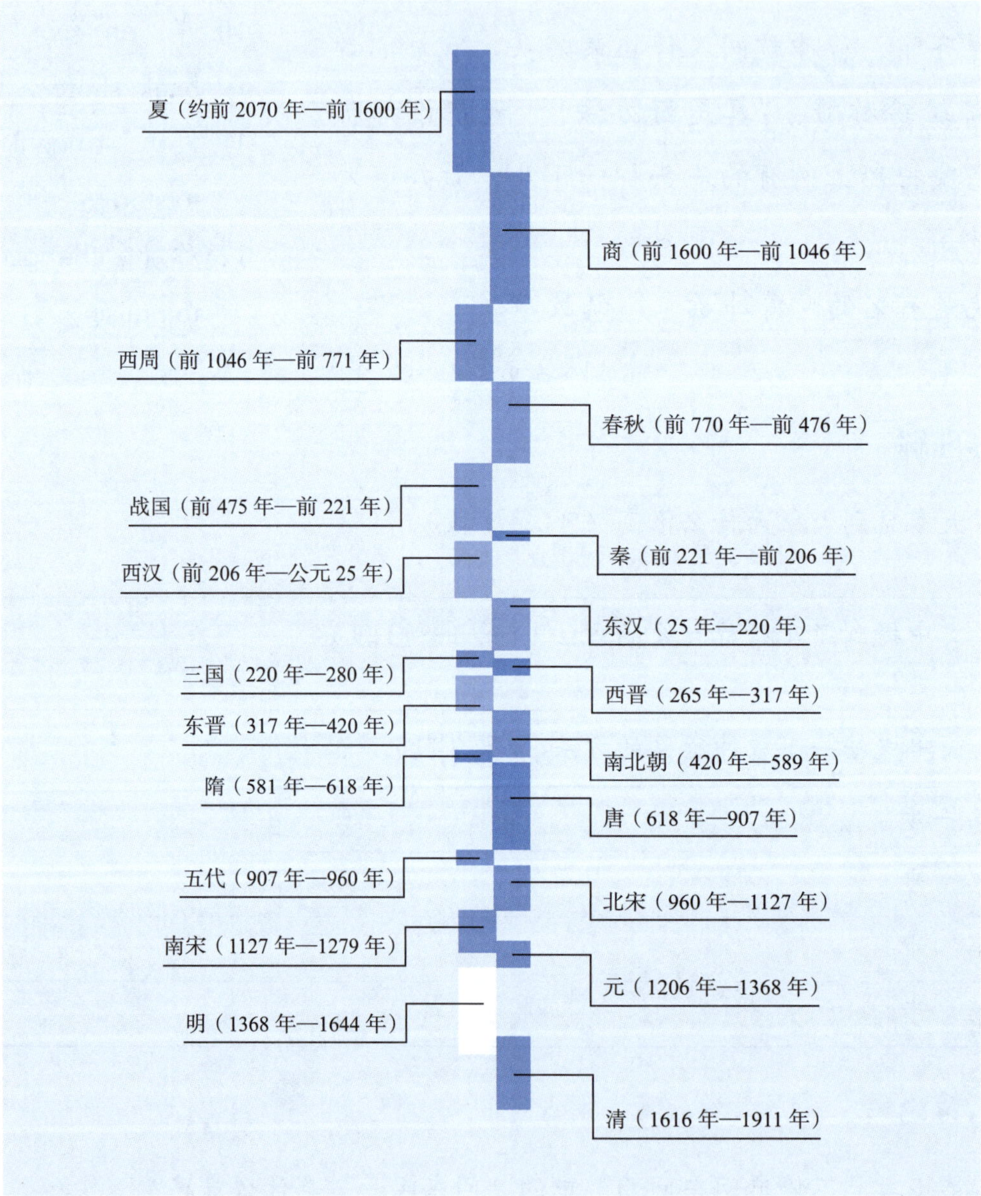

阅读中国历史朝代简表，回答问题

①中国的第一个朝代是哪个？

②秦朝开始于哪一年？

③西汉后面的朝代是哪一个？

④北宋和南宋一共有多少年？

第四部分：趣味汉语

中国古代典故

查词典，了解下列成语的意思并连线，同时找出成语中的人名

孔融让梨	自己推荐（tuījiàn，to recommend）自己
毛遂自荐	没有通过考试
叶公好龙	把好的东西让给别人
江郎才尽	为了孩子的成长，选择好的环境
孟母三迁	才能用没了
名落孙山	不是真的喜欢

第三课　社会文化

第一部分：知识银行

（一）常用字

性　xìng　

会意兼形声字（huìyì jiān xíngshēngzì，associative and pictophonetic character），“忄”（心）是意符，“生”是声符，兼表意。本义指人天生的本性，引申指事物的性质。

现代汉语常用义：性格；性质；性别；也可以做词缀，附在某些名词、形容词、动词后，表示事物的性质、性能等。

例：天性（tiānxìng，nature, natural instinct）　性格（xìnggé，personality, character）
　　性别（xìngbié，gender）　男性（nánxìng，male）
　　急性（jíxìng，acute）　恶性（èxìng，malignant）

练习：猜一猜画线词语的意思

（1）她爱交朋友，有同性朋友，也有异性朋友。

（2）这是一个国际性会议。

（3）高血压（xuèyā，blood pressure）是一种慢性病。

（二）常用书面词语

1　由于：介词，表示原因。

（1）由于大雪，飞机没能按时起飞。

（2）由于感冒，他没能参加跑步比赛。

（3）学外语时，发音问题主要是由于母语的影响。

2 此：代词，意思是“这、这个”。

（1）她说此次来北京除了要见见老朋友外，最重要的是好好吃一顿烤鸭。

（2）他们主要负责记录气温、雨水、风力等此类情况的变化。

（三）常用句式

1 ……相当于……

（1）汉语的“你好”相当于英语的 hello。

（2）这座大桥高 100 多米，相当于28 层的大楼。

练习：回答问题

你知道猫的 5 岁相当于人多大吗？

____

2 ……，免得……

（1）早点儿出发吧，免得迟到。

（2）今天特别冷，多穿点儿衣服，免得感冒。

练习：连线

（1）你最好多带点儿钱　　A 免得明天起不来

（2）今天早点儿睡　　B 免得她担心

（3）我一下飞机就给妈妈打电话了　　C 免得不够用

3 由……组成

（1）中国人的名字由姓和名两部分组成。

（2）本课由“知识银行”“技巧训练”“阅读实践”“趣味汉语”四部分组成。

练习：

你知道一辆汽车大约由多少个零件组成吗？

A 100　　B 1000　　C 10 000　　D 100 000

第二部分：技巧训练

技巧（三）：通过语素义推测词义

汉语中的词可以分为单纯词与合成词。单纯词是由一个语素构成的；合成词是由两个或两个以上的语素构成的，在现代汉语词汇中占很大比例。语素的意义与词义之间一般是有关联的，一些合成词的意义常常可以通过语素义推测出来。例如：知道“车”和“门”的意思，可以知道“车门”的意思；从“看”和“重”可以猜出“看重”的意思；根据“保”和“管”可以猜出“保管”的意思。

练习：用线将下列词语与相应的意思连接起来

皇子	吃饭用的桌子
钱包	喝的东西
商人	皇帝的孩子
餐桌	放钱的包
饮料	做生意的人

第三部分：阅读实践

（一）精读

1 生词学习

1	明显	míngxiǎn	Adj	clear, obvious	很明显；明显的事 四川菜的特点很明显。
2	时代	shídài	N	era, period in one's life	青少年时代；时代特点 当医生是我少年时代的理想。
3	传统	chuántǒng	Adj	traditional	传统服装；传统文化 这是中国的一种传统服装。
			N	tradition	文化传统 中国北方人有春节吃饺子的传统。
4	减少	jiǎnshǎo	V	to reduce, to cut down	减少开支；人数减少了 近年来，去商场购物的人数减少了。

5	充满	chōngmǎn	V	to be filled with, to be full of	充满希望；充满快乐 刚刚走出校门的大学生对未来充满了希望。
6	根据	gēnjù	Prep	according to	根据介绍；根据学校的规定 你根据大家的意见修改一下儿这份报告吧。
7	统计	tǒngjì	V	statistics	据统计；调查统计；统计学 据统计，10月份参观故宫的游客达到了44万人次。
8	尤其	yóuqí	Adv	especially	长城的游客很多，尤其是节假日的时候。 动画片尤其受孩子们喜爱。
9	农村	nóngcūn	N	rural area, countryside	农村地区；来自农村 我去过许多国家的城市和农村。
10	成语	chéngyǔ	N	idiom, set phrase	一个成语；成语故事 “理所当然”这个成语表示从道理上说应当是这样。
11	理所当然	lǐsuǒdāngrán		of course, naturally	父母要好好照顾孩子，这是理所当然的事。
12	个性	gèxìng	N	individuality, personality	有个性；个性不同 他是一个很有个性的人。
13	符合	fúhé	V	to conform to, to accord with	符合要求；符合条件 做这样的事情不符合他的性格。

2 热身练习

（1）快速找出下列句子中的本课生词

① 中国人名字的选词用字有明显的时代特点和地方特点。

② 人们对刚刚成立的国家充满了希望，因此很多人给孩子取名为“建国、爱华、新华”。

③ 根据统计，住在海边的人给孩子取名时爱用“海”字。

（2）选择合适的词语填空

A 个性　　B 成语　　C 传统　　D 符合

还有人给孩子取名“李锁当然”，因为它的读音和__①__“理所当然”一样。有人觉得这样的名字很有__②__，但有的人认为此类名字不__③__中国的__④__。

3 课文：中国人名字的特点

► 第一步：读前思考，读后回答

思考题：
中国人名字的特点是什么？

1 中国人名字的选词用字有明显的时代特点和地方特点。比如传统的中国人名字常常用与吉利或者富有相关的字词，所以在老一辈人中，有很多人叫“有财、富贵、大发”什么的，但是此类名字如今已经大为减少了。

2 有的人名与出生的时间或地方有关。1949 年中华人民共和国成立后，人们对刚刚成立的国家充满了希望，因此很多人给孩子取名为“建国、爱华、新华”。要是有人叫“国庆”，那么这个人十有八九是十月一日国庆节那天出生的。另外，要是有人叫“春生”或者“秋生”，那么他们多出生于春天或者秋天；要是叫“京生”，基本上是北京人；叫“港生”的，很可能是出生在香港。

3 此外，人名用字也和生活环境及地方文化有关。根据统计，住在海边的人给孩子取名时爱用“海”字，如“方四海、王东海”等；住在山区的人，则喜欢用“山”字，如“陈乐山、王本山、李一山”等。南方地区的人名，女性名字多用“美、花、玉、丽”，而男性名字多用“力、伟、强”等。北方，尤其是一些农村地区的父母爱用一些意思不太好的字词叫孩子，比如“丑蛋、二狗”。其实这样的小孩子与其他孩子并没有什么不同，父母故意给孩子取此类名字，是因为他们认为叫“丑蛋、二狗”这种名字的小孩儿不容易生病。当然这些一般都是小名，取大名时还是会用意思美好的字词。

4 中国人的姓大部分是单姓，也有少量复姓，比如“东方、司马、诸葛”。中国人的名字由姓和名两部分组成，姓在前，名在后，一般是两个字或三个字。以前，四个字的名字，一般是复姓。但是近些年，四个字的名字比以前多了。比如爸爸姓张，妈妈姓李，给孩子取名叫“张李美爱”。还有人给孩子取名“李锁当然”，因为它的读音和成语“理所当然”一样。有人觉得这样的名字很有个性，但有的人认为此类名字不符合中国的传统。你的看法是什么呢？

（课文字数：717 字）

本文改编自《寻根》2012 年第 4 期文章《当代中国人取名用字的时代性与地域特色——中国人名发展简史之九》，作者王泉根

► 第二步：细读课文，回答问题

（1）中国人名字的选词用字有什么特点？（第 1 段）

____

（2）北方一些农村地区起名用字的特点是什么？（第 3 段）

____

（3）为什么现在有的家长喜欢给孩子起四个字的名字？（第 4 段）

____

（4）猜一猜

姓名	猜一猜
刘林西月	出生年代：
孙建华	出生年代：
张大力	性别：
李美玉	性别：
李津生	出生地：
王沪丽	出生地：

► 第三步：句义理解

（1）传统的中国人名字常常用与吉利或者富有相关的字词。（第 1 段）

A 传统的中国人名字有两个：吉利、富有

B 吉利和富有是中国两个最常见的传统名字

C 传统的中国人名字常常表示人们希望吉利或者有钱

（2）当然这些一般都是小名，取大名时还是会用意思美好的字词。（第 3 段）

A 那些人小时候的名字和长大以后的名字不一样

B 小名是给小时候表现不好的孩子取的名字

C 大名用字充满了父母对孩子美好的希望

▶ 第四步：词义理解（为画线词语选择合适的意思）

（1）那么这个人十有八九是十月一日国庆节那天出生的。（第 2 段）

A 十分可能　　B 完全没有　　C 一点儿也不可能

（2）尤其是一些农村地区的父母爱用一些意思不太好的字词叫孩子。（第 3 段）

A 特别　　B 其他　　C 其实

▶ 第五步：说一说

（1）你有中文名字吗？谁给你取的中文名字？

（2）你的中文名字有什么含义？

▶ 第六步：朗读课文

（二）泛读

红包文化的地方特色

1　在中国，春节的时候发红包是一种传统习俗。然而，这小小的红包也有着不同的地方特色。在北方，往往只有家人和亲戚才会给红包。北方人管红包叫压岁钱，往往只有孩子或者还没有结婚的人才能收到红包。在 20 世纪 90 年代，北方城市家庭的红包已经是至少 100 元了。近些年来，随着人们的经济条件越来越好，孩子们收到的压岁钱也日益增多。红包的金额水涨船高，越来越大。

2　在广东，只要是认识的人都会给红包，一般是已婚人士发给未婚人士，长辈发给晚辈，上级发给下级。总之，对于广东人来说，发红包的对象比较广泛，给别人发红包重在表示祝福和心意，收到红

生词：

1. 经济　jīngjì　N　economy
2. 日益　rìyì　Adv　increasingly
3. 金额　jīn'é　N　amount of money
4. 广泛　guǎngfàn　Adj　extensive
5. 祝福　zhùfú　V　to wish, to bless; blessing

包的人也重在讨个吉利。而且广东人发的红包总体来说金额不大，一般都是 10 元、20 元、50 元。

3 但是北方的情况则非常不同。根据去年的调查，北京 90 名孩子在春节一共收到 43.8 万元压岁钱，人均约 4867 元。其中，一半以上孩子收到的压岁钱在 1000 到 5000 元之间。收到红包的孩子本应是非常高兴的，不过有的家长会通过各种办法，把压岁钱从孩子手中拿过来。很多人小时候都有这样的经验，金额越大的红包越没有意义，因为最后很可能还得交给父母。

4 有的家长担心孩子太小，不懂得如何管理手中的钱，甚至可能会弄丢收到的红包。因此，部分家长会直接替孩子保管红包；而有的家长则会和孩子一起商量如何管理收到的红包，一起讨论如何使用红包，或者会把钱存到银行里。

（课文字数：549 字）

6. 讨个吉利 tǎo gè jílì
to ask for good luck

7. 人均 rénjūn V
per capita

8. 管理 guǎnlǐ V
to manage

9. 甚至 shènzhì Conj
even

1 内容理解

（1）北方人管红包叫什么？（第 1 段）

______

（2）在广东，红包一般是谁发给谁？（第 2 段）

______

（3）广东人发红包重在表示什么？（第 2 段）

______

（4）孩子收到红包后，家长会怎么处理？（第 4 段）

______

2 说一说

（1）第 1 段中的“水涨船高”可能是什么意思？

（2）孩子可能喜欢什么样的红包？

（3）有没有中国人给你发过红包？

（三）实况阅读

在网上查找下列品牌的信息，并找出可能是用人名命名的品牌

（1）格力	（2）李宁	（3）海尔	（4）麻辣诱惑
（5）全聚德	（6）丁家宜	（7）张小泉	（8）郑明明
（9）张一元	（10）万科	（11）立白	（12）同仁堂

第四部分：趣味汉语

熟语

查找下列熟语的意思，并找出熟语中的人名

- 周瑜打黄盖——一个愿打，一个愿挨
- 王婆卖瓜，自卖自夸
- 姜太公钓鱼——愿者上钩

第四课　体育运动

第一部分：知识银行

（一）常用字

1　成　chéng 

会意字（huìyìzì，associative compound），字形像用一把大斧子砍东西的样子。“成”的本义是完成，后引申为一切事情的完成。

现代汉语常用义：做完，完成；工作或学习上的结果；已经有的，现成的。

例：成功（chénggōng，to succeed; success）　成绩（chéngjì，score, result）

成语（chéngyǔ，idiom, set phrase）　成长（chéngzhǎng，to grow up）

练习：猜一猜画线词语的意思

（1）他是一个事业有成的人。

（2）这是最新的研究成果。

（3）年满18周岁才算是成年人。

（4）你的作业完成了吗？

2　公　gōng 

会意字，字形上面是“八”，表示相背，下面是“ㅁ”（厶，“私”的本字），合起来表示“与私相背”，即“公正无私”的意思。本义为公正、无私，与“私”相对。

现代汉语常用义：公平；共同的；属于国家或集体的。

例：公平（gōngpíng，fair）　公司（gōngsī，company, firm）

公园（gōngyuán，park）　公共（gōnggòng，public）

练习：猜一猜画线词语的意思

（1）我不是公费留学生，我是自费的。

（2）请问，附近有公厕吗？

（3）他的孩子上的是公立幼儿园。

（二）常用书面词语

1 （有）利于： 意思是“对……有好处”，否定形式是“不利于……”。

（1）体育运动有利于身心健康。

（2）不能做有利于自己而不利于社会的事。

2 均： 副词，意思是“都、全”。

（1）他的父母均为著名篮球运动员。

（2）参加本次会议的人员均为各个部门的主要负责人。

（三）常用句式

再……也……

（1）他再忙也坚持每天运动。

（2）不需要的东西，再便宜也不买。

练习：组句

不　　再　　也　　放弃（fàngqì，to give up）　　困难　　能

____

第二部分：技巧训练

技巧（四）：利用互释的词语理解词义

有些词语的意思可以从上下文中找到提示，比如“书呆子”。

他这人就是个书呆子，除了看书什么也不懂。

在例句中，“除了看书什么也不懂”实际上是对“书呆子”的具体说明，读者读了这句话也就明白了“书呆子”的意思。

练习：

（1）解释画线词语的意思

① 不少年轻人是月光族，不到月底钱就花光了。

② 你看小王家，总是那么整整齐齐的。不像咱家，老是乱七八糟的。

③ 厨房里摆着各种厨具，菜刀、铲子什么的。

④ 他是个大手大脚的人，总是随便花钱。

（2）在横线上填写可能出现的词语

① 他很遵守时间，说好两点见面，他两点一定到，从来不________。

② 这件衣服好看是好看，不过价钱太________了，得花我一个月的工资。

③ 我爱买餐具，碗啊、________什么的。

技巧（五）：通过同义或反义词语推测目标词语的意思

汉语在表达上讲究对称，在一些前后对照的语句中，处在相同位置上的词语在意义上常常有同义、近义或反义的关系，这一点对推测词义很有帮助。比如，在“（这条路）东到人民公园，西至学院路”中，“东”“西”都是方向，“到”“至”都是动词，“人民公园”“学院路”都是地点。阅读时，可以根据“到”的意思推测出“至”的意思。另外，汉语熟语中这类对照式表达更常见，比如“上有老，下有小”“人往高处走，水往低处流”等等。

练习：

（1）解释画线词语的意思

① 在广州100元的生活消费，在上海仅需84元，在哈尔滨只需64元。

② 观众中既有古稀老人，也有二十来岁的年轻人。

（2）选择横线上可能出现的词语

① 世事难料，俗话说：“三十年河东，三十年河________。”（西　上　里）

② 你别太骄傲，别忘了“山外有________，天外有天”。（人　海　山）

③ 苏州和杭州不但经济发达，而且风景优美，自古就有“上有天堂，________有苏杭”之说。（外　下　里）

第三部分：阅读实践

（一）精读

1 生词学习

1	著名	zhùmíng	Adj	famous	著名运动员；著名人士
2	成功	chénggōng	V	to succeed; success	获得成功
3	检查	jiǎnchá	V	to check	检查身体；检查作业 最好每年都检查一次身体。
4	合理	hélǐ	Adj	reasonable	很合理；合理的原因
5	出色	chūsè	Adj	outstanding, remarkable	很出色；出色的演员
6	胳膊	gēbo	N	arm	胳膊很长；两条胳膊
7	妨碍	fáng'ài	V	to hinder	妨碍学习；妨碍工作 小声点儿，不要妨碍病人休息。
8	技术	jìshù	N	technology, skill	篮球技术；技术很高
9	训练	xùnliàn	V	to train	每天训练 训练动物的时候，练习是非常重要的。
10	冠军	guànjūn	N	champion	获得冠军；冠军球员
11	老板	lǎobǎn	N	boss	公司老板
12	董事长	dǒngshìzhǎng	N	chairman of the board	公司董事长 他被选为公司的董事长。
13	招牌	zhāopai	N	signboard	商店招牌；招牌菜 好的产品是一家公司最好的招牌。

2 热身练习

（1）快速找出下列句子中的本课生词

① 姚明出生于 1980 年 9 月 12 日，父母均为著名篮球运动员。

② 可以说姚明是中国篮球的“金字招牌”。

③ 但是这一切并没有妨碍姚明对篮球的热爱。

（2）选择合适的词语填空

A 成功　　B 技术　　C 董事长

① 他坚持努力锻炼身体，苦练________。

② 身高是先天的，然而________却是与后天努力分不开的。

③ 中篮联体育有限公司在北京成立，姚明被选为副________。

3 课文：大个子姚明的身份变化

► 第一步：读前思考，读后回答

思考题：

（1）姚明为什么能取得成功？

（2）姚明最新的身份是什么？

1 姚明出生于1980年9月12日，父母均为著名篮球运动员，他妈妈很年轻时就成了国家篮球队队长。良好的基因让姚明9岁半时身高就达到了惊人的1.79米！同年，姚明走上了篮球道路。身高是先天的，然而成功却是与后天努力分不开的。

2 14岁半时，姚明身高已达2.06米。上海男篮对姚明做了全面检查，发现姚明由于小时候饮食不合理，再加上缺乏锻炼，身体各方面条件并不出色：身体比较弱，容易受伤；胳膊较短，不利于打篮球。但是这一切并没有妨碍姚明对篮球的热爱，他坚持努力锻炼身体，苦练技术，一年四季，只要没生病，再累也坚持每天训练。

3 通过个人的不断努力，姚明18岁时就进入中国国家篮球队了。在2000年奥运会的篮球比赛上，中国队获得了第10名；而在2001年的亚洲男篮锦标赛上，中国队获得了冠军。

4　后来，姚明成立了一家国际体育管理公司，成了老板，在2009年收购（shōugòu，to purchase）了上海男篮。退役（tuì//yì，to retire）以后，姚明也没有离开热爱的篮球事业。2016年11月22日，中篮联体育有限公司（简称“CBA公司”）在北京成立，姚明被选为副董事长，2017年当选董事长。

5　从球员到商人再到管理者，虽然身份一直在变化，但是姚明从未离开过篮球。姚明是世界上最出色的篮球运动员之一，一谈到中国篮球，很多人就会想到姚明，可以说姚明是中国篮球的“金字招牌”。

（课文字数：515字）

► 第二步：细读课文，回答问题

（1）姚明青少年时期的身体条件适合打篮球吗？（第2段）

____

（2）姚明的身份有几种？（第4、5段）

____

► 第三步：根据课文内容判断对错（在括号中填“对”“错”或“没提到”）

（1）姚明9岁半那年成为国家篮球队队长。（　　　　）

（2）姚明14岁半时身高2.26米。（　　　　）

（3）姚明18岁时获得了第一个冠军。（　　　　）

（4）姚明2016年被选为中篮联体育有限公司董事长。（　　　　）

► 第四步：句义理解

（1）只要没生病，再累也坚持每天训练。（第2段）

A 只有生病的时候，才不训练

B 不管身体怎么样，都坚持每天训练

C 因为每天训练，累病了

（2）姚明被选为副董事长。（第4段）

A 姚明不想当副董事长

B 大家选姚明当副董事长

C 姚明让大家选他当副董事长

► 第五步：词义理解（为画线词语选择合适的意思）

（1）姚明从未离开过篮球。（第 5 段）

A 曾经

B 从来没有

C 未来

（2）姚明是中国篮球的“金字招牌”。（第 5 段）

A 最有钱的人

B 优秀代表

C 技术最好的人

► 第六步：朗读课文

（二）泛读

永不放弃的郎平

1 郎平这个名字，对于中国人来说具有特别的意义。在足、篮、排“三大球”中，女排运动员郎平的影响力不亚于中国男篮的姚明。

2 郎平，1960 年出生于中国天津市，她 13 岁的时候开始练习排球。那时由于年龄小，郎平总打不过比她大的孩子，每次输了球就坐在球场边哭，哭完以后又继续练习，从不放弃。别人结束每天的训练后，她自己再主动加练 2 个小时。结果，她通过刻苦训练很快就获得了教练的认可，她与队友们一起获得了一个又一个成功。

3 郎平 1978 年被选入中国女子排球队。刚入队的时候，教练只让她训练，不让她比赛，除非她的摸高能够达到 3 米。这对 18 岁的郎平来说，几乎是不可能完成的任务。但是郎平没有抱怨，也不放弃，

生词：

1. 放弃 fàngqì V to give up
2. 输 shū V to lose, to be beaten
3. 结果 jiéguǒ Conj as a result
4. 刻苦 kèkǔ Adj hard-working
5. 认可 rènkě V to recognize
6. 除非 chúfēi Conj only when
7. 摸 mō V to touch
8. 抱怨 bàoyuàn V to complain

她每天坚持练习排球技巧、跑步、摸高。经过日复一日的努力，郎平的摸高达到了 3.17 米。1981 年，中国女排获得了第 3 届女子世界杯排球赛冠军，郎平获得了优秀运动员奖。在之后的 1982 年、1984 年，郎平和队友们实现了“三连冠”。郎平和队友们永不放弃的精神感动了全中国，她们成了整个国家的骄傲。

4 由于多年的伤病，1986 年郎平告别了自己热爱的排球赛场。退役后，她与生命中最重要的另一半组成了自己的家庭。在丈夫的鼓励和支持下，郎平去美国留学，并取得了体育管理的硕士研究生学位。郎平曾经在美国、意大利担任排球教练，证明了自己的能力。2005 年，郎平成为美国女排主教练，她对美国女排进行了成功的改革，仅仅用了 3 年时间，郎平便带领美国女排在时隔 24 年后，再次获得了奥运会银牌。

5 2013 年，中国女排由于各种原因，实力下降了很多，遇到了各种困难。听说中国女排需要她，郎平放弃了国外的高薪工作，重新担任中国女排主教练。通过她与队员们的共同努力和付出，中国女排在 2015 年重新夺得了女子世界杯排球赛冠军，接着她们又在 2016 年的里约奥运会再获冠军。郎平和她的女排运动员们再一次感动了中国。

（课文字数：736 字）

9. 鼓励 gǔlì V
to encourage
10. 支持 zhīchí V
to support
11. 担任 dānrèn V
to hold (a post)
12. 教练 jiàoliàn N
coach
13. 隔 gé V
to be at intervals of
14. 里约 Lǐyuē PN
Rio

1 内容理解

（1）“三大球”指的是哪三种运动？（第 1 段）

______

（2）郎平能够参加国家队比赛的条件是什么？（第 3 段）

______

（3）“三连冠”的意思可能是什么？（第 3 段）

______

2 解释句中画线词语的意思

（1）那时由于年龄小，郎平总打不过比她大的孩子，每次输了球就坐在球场边哭。

（2）哭完以后又继续练习，从不放弃。

（3）她通过刻苦训练很快就获得了教练的认可。

（4）经过日复一日的努力，郎平的摸高达到了 3.17 米。

（5）退役后，她与生命中最重要的另一半组成了自己的家庭。

（6）听说中国女排需要她，郎平放弃了国外的高薪工作。

3 说一说

郎平要去你所在的大学演讲，如果你是主持人，你会怎么介绍郎平？

（三）实况阅读

世界女排联赛

时间：5 月 21 日—7 月 7 日　　　　地点：世界各地

2019 年是世界女排联赛改变赛制的第二年。本赛季比赛分为分站赛和总决赛两部分，分站赛共进行五周，每周在世界四个不同的地点举行，每站四支球队参赛。中国女排的具体赛程如下：

第一周（5 月 21 日—5 月 23 日）巴西站：巴西、多米尼加、俄罗斯、中国
第二周（5 月 28 日—5 月 30 日）中国（澳门）站：中国、比利时、泰国、韩国
第三周（6 月 4 日—6 月 6 日）中国（香港）站：中国、意大利、日本、荷兰
第四周（6 月 11 日—6 月 13 日）中国（江门）站：中国、美国、波兰、土耳其
第五周（6 月 18 日—6 月 20 日）中国（宁波）站：中国、德国、保加利亚、塞尔维亚

读后回答问题

① 世界女排联赛改变赛制是从哪一年开始的？
② 本次世界女排联赛包括几个部分？
③ 中国队与波兰队的比赛是在什么地方进行的？
④ 解释下列词语的意思。

赛制　　赛季　　决赛　　参赛

第四部分：趣味汉语

运动会的简称

读一读，然后连线

亚运会	中国国家男子篮球队
国际足联	亚洲运动会
奥运会	国际足球联合会
冬奥会	奥林匹克运动会
中国男篮	冬季奥林匹克运动会

阶段测试（一）

一、选择合适的词语填空

A 甚至　B 语感　C 组成　D 成功　E 差别

1. 中国南北方的春节饮食风俗有一些________。
2. 过春节的时候要守岁，有的小孩子________在春节前一晚也不睡觉。
3. 学习外语时，________很重要。
4. 这位著名的体育明星今年取得了巨大的________。
5. 这份报告是由两部分________的。

A 相反　B 细心　C 详细　D 结果　E 充满

6. 这次考试的________让老师很吃惊。
7. 这本书________地介绍了中国历史。
8. 这对新婚夫妇对未来________了希望。
9. 考试的时候一定要________，不能马虎。
10. 哥哥和弟弟的性格正好________。

二、排列句子顺序

1. A 随着生活水平的提高
   B 更关心精神及娱乐生活的丰富
   C 人们不再只考虑吃的好坏　________

2. A 但是早饭很重要
   B 人们经常忘记吃早饭
   C 由于工作太忙　________

3. A 我们十年没有见过面了
   B 自从大学毕业以后
   C 她却还是那么年轻漂亮　________

4. A 是中国最大的城市之一
   B 上海位于中国东部
   C 经济改革让这个城市充满了活力 ________

5. A 免得因为玩儿游戏而影响工作
   B 这个规定大家都同意
   C 公司不允许人们在工作时间玩儿电脑游戏 ________

6. A 是因为平时的刻苦训练
   B 他之所以能成为世界冠军
   C 再加上一点儿运气 ________

7. A 春节早在汉朝以前就有了
   B 还得从宋朝说起
   C 不过，有详细记录的春节习俗 ________

8. A 这一金额
   B 这件衣服 5000 块钱
   C 相当于我一个月的工资 ________

9. A 只要没生病
   B 一年四季
   C 他再累也会坚持每天训练 ________

10. A 春节是中国最重要的节日之一
    B 还会做很多好吃的菜
    C 那时人们都会穿上新衣服 ________

三、阅读理解

1. 首都体育馆今天晚上有演出，活动结束的时候人肯定很多，你和儿子还是提前一点儿出发吧，免得堵车。

★提前出发是为了：

A 看演出　　B 接儿子　　C 不堵车

2. 他做生意赚了不少钱，去年一年赚的钱相当于普通家庭年收入的十倍，他一下子成了当地著名的商人。

★关于“他”，我们可以知道：

A 赚了不少钱　　B 家庭很普通　　C 收入很普通

3. 这个省的大部分地区都是山，高度一般在4000米以上。由于太高，空气比别的地方少，刚到这里的人可能会感觉身体不舒服，但过一段时间之后，就会慢慢适应。

★刚到这里的人为什么会感觉不舒服？

A 空气少　　B 气温低　　C 时间短

4. 当我不开心的时候，我喜欢找一个安静的地方，边喝茶边听音乐。妹妹则正好和我相反，这种时候，她喜欢去热闹的地方，和朋友一起唱歌、喝酒、跳舞。

★妹妹不开心的时候：

A 会找“我”聊天儿　　B 会去唱歌、跳舞　　C 会去喝茶、听音乐

5. 这是一家非常著名的饭店，从1864年到现在，已经有一百多年的历史了，店里一直只卖一种东西——烤鸭。由于这家店烤鸭的味道很特别，在众多食客中名气很大。

★这家饭店：

A 食客名气很大

B 除了烤鸭，还卖其他好吃的

C 有一个多世纪的历史了

6. 足球运动员梅西的身体条件并不出色。2000 年 9 月，年仅 13 岁、身高只有 1.4 米的梅西去西班牙训练。通过自身的努力，梅西 16 岁时就进入了一线足球队。2008 年北京奥运会上，梅西带领阿根廷足球队获得了金牌。

* 这段话的主要意思是：

A 后天的努力比先天的条件重要

B 梅西 13 岁时个子就很高了

C 梅西一直在西班牙踢球

7. 晚上我刚刚躺下，就响起了敲门声。一听就知道是我的同屋又没带钥匙。他好像特别马虎，虽然每次都红着脸对我说“不好意思、对不起、打扰了”，可过不了几天，就又能听到令人讨厌的敲门声了。

* 敲门的那个人怎么了？

A 生病了　　B 忘拿钥匙了　　C 走错门了

8. 近日，全国公民身份证号码查询服务中心公布了“中国重名最多的 50 个姓名”。根据此排名，“张伟”是中国重名最多的姓名，全中国共有 290 607 人叫“张伟”；排在第二的是“王伟”，共有 281 568 人。

* “重名”的意思是：

A 重要的名字　　B 名字相同　　C 重新取名字

* 关于“重名”，不正确的是：

A 排在首位的是王伟

B 公布的排名中共有 50 个名字

C “伟”是一个人们非常喜欢的字

9. “宫保鸡丁”是四川菜中的传统名菜，在外国，“宫保鸡丁”也很流行，甚至差不多成了中国菜的代表。有些菜单上把这道菜写成“宫爆鸡丁”，因为做这道菜的方法是“爆炒”，其实这是不对的。要说清楚这道菜的名字，还得从“宫保鸡丁”的来历说起。

* 关于“宫保鸡丁”，不正确的一项是：

A 这是四川的传统名菜　　B 流行于国内外　　C 因为爆炒的方法得名

* 关于“宫保鸡丁”，我们可以知道：

A 是四川菜

B 正确的名字是“宫爆鸡丁”

C 没人知道这道菜的来历

10. 一个品牌在进入别的国家时，为了吸引当地用户、开发市场，第一步便是取一个当地的名字。好的译名不仅有利于产品的销售，而且还能让人产生丰富的联想，当然失败的例子也有很多。例如，1927 年可口可乐（Coca-Cola）刚刚进入中国时，中文译名叫“蝌蝌啃蜡”。奇特的口味和古怪的名字使可口可乐在中国的产品销量可想而知。

* 一个品牌在进入别的国家时：

A 要先打折吸引当地用户

B 译名很重要

C 很容易失败

* 根据这段话，好的译名对一个品牌进入其他国家市场有什么作用？

A 有利于产品的销售

B 让人想知道销量

C 让人觉得奇怪

第五课　梦想与现实

第一部分：知识银行

（一）常用字

1　果　guǒ 

象形字，字形像树上结果实的样子。

现代汉语常用义：果实；结果。

例：果皮（guǒpí，fruit peel）　　结果（jiéguǒ，as a result）

成果（chéngguǒ，achievement）　　果然（guǒrán，as expected, sure enough）

练习：猜一猜画线词语的意思

（1）他家今年种了很多果树。

（2）酒后开车会造成严重后果。

（3）做坏事的人一定会自食其果。

2　正　zhèng 

会意字，字形上面的“”表示一个地方，下面的“”是一只脚。“正”的本义是走向目的地、远行。

现代汉语常用义：符合标准方向，和“歪”（wāi，slanting）相对；正面，和“反面”（fǎnmiàn，reverse side）相对；合理合法的；正好，恰巧。

例：正面（zhèngmiàn，right side）　　正常（zhèngcháng，normal）

改正（gǎizhèng，to correct, to amend）　　正好（zhènghǎo，just in time）

练习：猜一猜画线词语的意思

（1）老李是个很正直的人。

（2）父母和老师要教孩子走<u>正道</u>。

（3）东门是我们学校的<u>正门</u>。

（二）常用书面词语

1 竟然：副词，表示“没想到”。

（1）今年冬天，北方<u>竟然</u>比南方暖和。

（2）这么旧的房子<u>竟然</u>能卖500万！

2 如何：代词，意思是“怎么、怎么样”。

（1）这个问题我们该<u>如何</u>解决？

（2）我想知道<u>如何</u>在最短的时间内学会一种语言。

（三）常用句式

1 无论如何也……

（1）好朋友遇到困难，我<u>无论如何也</u>要帮。

（2）这么多作业，两个小时<u>无论如何也</u>做不完。

练习：用“无论如何也……”改写句子

明天考试，今天晚上我一定要复习完。

____

2 既是……，也是……

他们<u>既是</u>军人，但同时<u>也是</u>父亲、儿子。

练习：用“既是……，也是……”改写句子

毕业了，大学生活结束了；毕业了，新的生活开始了。

____

第二部分：技巧训练

技巧（六）：根据词语搭配特点猜测词义

每种语言中都有一些常用或者固定的搭配，阅读时，有些句子不必读完，就可以根据前边出现的几个词语推测出后边可能出现哪类或哪个词语。

比如“王子和公主过上了幸福的……”，这个句子省略的部分可以很容易推测出来，就是“生活”或“日子”，因为“过上幸福的生活 / 日子”是特别典型的搭配。

再如“只要有人，这个世界就是温暖的；只要奋斗，……”，这里我们可以很容易地判断出省略的部分一定有“就”。因为“只要……就……”是一组常见关联词语，而且分号前面的部分已经有一组例子了，利用关联词语和分号，我们就能推测出省略部分的大概内容。

练习：

（1）给画线词语选择合适的意思

① 情人节那天，他送给女朋友一大束<u>红玫瑰</u>。

A 一种化妆品　　B 一种花　　C 一种蛋糕

② 那个人的做法遭到了所有人的<u>指责</u>。

A 称赞　　B 批评　　C 欢迎

（2）选择横线上可能出现的词语

① 大学毕业以后，你想继续学习________工作？

A 还是　　B 还　　C 也

② 小偷儿被________抓住了。

A 偷　　B 东西　　C 警察

③ 多年以后，我的________终于实现了。

A 健康　　B 成绩　　C 愿望

④ 他在昨天的比赛中发挥出色，最后获得了________。

A 名牌　　B 金牌　　C 名称

第三部分：阅读实践

（一）精读

1 生词学习

1	影响	yǐngxiǎng	V	to affect	影响学习；受到影响 经常不吃早饭会影响健康。
2	经典	jīngdiǎn	Adj	classical	经典作品；经典小说 《红楼梦》是中国古代的经典小说。
			N	classic	成为经典
3	尊重	zūnzhòng	V	to respect	互相尊重；尊重人才 不尊重自己的人也不会得到别人的尊重。
4	变迁	biànqiān	V	to change in trend or condition	时代变迁
5	落后	luò//hòu	VC	to fall behind	落后于对手 现在只落后 3 分，时间还有 1 分钟，我们还有希望。
6	继续	jìxù	V	to continue	继续学习；继续下去 虽然这次没有成功，但是我们还会继续加油的。
7	发表	fābiǎo	V	to express, to publish	发表意见 这部小说发表于 2012 年。
8	基础	jīchǔ	N	foundation, basis	基础水平；技术基础 很多人都认为有了经济基础才能结婚。
9	赢得	yíngdé	V	to gain, to win	赢得比赛；赢得美称 他的计划赢得了大家的支持。
10	满足	mǎnzú	V	to satisfy, to meet	没有产品能满足所有人的需求。
11	通过	tōngguò	Prep	via, through	通过手机看电视 通过网络，人们可以更好地交流。

12	目标	mùbiāo	N	goal, aim	人生的目标；政府的目标 这个计划的目标是帮助更多贫困家庭的儿童获得良好的教育。
13	奋斗	fèndòu	V	to struggle, to strive	他为了实现自己的人生目标奋斗了 10 年。
14	困难	kùnnan	N	difficulty	遇到困难；没有困难 现在我们最大的困难是没有足够的时间做准备。
15	勇敢	yǒnggǎn	Adj	brave, courageous	勇敢的人；非常勇敢 人要勇敢地面对失败。

专有名词

1	路遥	Lù Yáo	PN	name of a famous Chinese novelist
2	陕北	Shǎnběi	PN	north of Shaanxi Province
3	茅盾文学奖	Máo Dùn Wénxuéjiǎng	PN	Mao Dun Literature Prize

2 热身练习

（1）快速找出下列句子中的本课生词

① 路遥是影响了亿万中国人的著名作家。

② 小学毕业后，家里人不想让路遥继续读书了。

③ 同年 7 月，他成功发表了第一篇小说，正式走上了文学的道路。

（2）选择合适的词语填空

A 赢得　　B 满足　　C 奋斗　　D 变迁

① 路遥的书既是小说，也是中国社会________的历史记录。

② 1980 年，路遥发表《惊心动魄的一幕》，为他________了第一届全国优秀中篇小说奖。

③ 尽管《人生》这部小说已经成为经典必读作品，但是路遥并没有________于已有的成绩。

④ 只要________，生活就有了意义。

3 课文：路遥的人生

► 第一步：读前思考，读后回答

思考题：

路遥用生命完成的小说是什么？

1 路遥是影响了亿万中国人的著名作家，他因写出了《人生》《平凡的世界》等经典小说，成为令人尊重的“人生导师”。路遥的书既是小说，也是中国社会变迁的历史记录。他的作品充满了正气，总能给人勇气与希望、力量和信心。

2 路遥1949年12月2日出生于中国陕北一个贫穷的农民家庭，他本名王卫国，这是一个带有浓浓时代色彩的名字。后来他想成为一名作家，就给自己起了一个笔名——路遥。在路遥的童年时代，中国的经济还很落后，他对童年和少年时代的印象就是穷，特别穷，如何才能吃饱是他每天都要考虑的问题。上学后，连最便宜的铅笔路遥都买不起。小学毕业后，家里人不想让路遥继续读书了，希望他回家做个农民，但是路遥无论如何也不想继续父母那代人的生活。于是，他努力复习考试，竟然考上了当地最好的中学。1973年，路遥进入延安大学中文系学习，这一下子改变了他的整个人生。同年7月，他成功发表了第一篇小说，正式走上了文学的道路。在大学期间，他阅读了大量中外文学名著，为以后的发展建立了良好的基础。

3 1980年，路遥发表《惊心动魄的一幕》，为他赢得了第一届全国优秀中篇小说奖。1982年，不到33岁的路遥，仅用21天就完成了13万字的中篇小说《人生》。小说后来又被拍成了电影，路遥成了闻名全国的作家。尽管《人生》这部小说已经成为经典必读作品，但是路遥并没有满足于已有的成绩。经过3年的准备，他开始了长篇小说《平凡的世界》的写作。路遥每天写作十几个小时，有的时候，他的早晨从中午开始。由于长时间的写作，路遥的身体出现了多种问题，但是就算在医院中，他也没有停止写作。1988年5月25日，路遥为《平凡的世界》写下了最后一个句号。这部路遥用生命完成的长篇小说，成了能够给读者不断带来力量的经典，总销量已达2000万册。路遥通过这部小说告诉我们：人要是没有目标，活着也等于零。只要有人，这个世界就是温暖的；只要奋斗，生活就有了意义。虽然生活中总有困难，但只要勇敢，困难就会被赶走。

4　1992年11月17日，刚刚获得茅盾文学奖的路遥离开了这个他热爱的世界。那天，西安下了很大的一场雪，冰天雪地，像是在为他送行。

（课文字数：847字）

► 第二步：细读课文，回答问题

（1）路遥的本名叫什么？他本名的意思是什么？（第2段）

______

（2）路遥的第一篇小说发表于哪一年？（第2段）

______

（3）哪一部小说让路遥闻名全国？（第3段）

______

► 第三步：段落理解

（1）根据第2段，路遥能够走上文学道路的原因是什么？

______

（2）根据第3段，路遥在自己身体出现多种问题时，也没有停止写作的原因是什么？

______

► 第四步：句义理解

（1）路遥的书既是小说，也是中国社会变迁的历史记录。（第1段）

A 他的小说是历史记录

B 他的书用照片记录了历史

C 他的小说反映了中国社会的变迁

（2）但是路遥无论如何也不想继续父母那代人的生活。（第2段）

A 他不想继续和父母住在一起了

B 他不想过父母那样的生活

C 他一定要继续和父母一起生活

（3）有的时候，他的早晨从中午开始。（第3段）

A 他中午才起床

B 他不喜欢早晨

C 他中午才开始吃饭

▶ 第五步：词义理解（为画线词语选择合适的意思）

（1）于是，他努力复习考试，竟然考上了当地最好的中学。（第2段）

A 没结果　　B 没想到　　C 忽然就

（2）尽管《人生》这部小说已经成为经典必读作品，但是路遥并没有满足于已有的成绩。（第3段）

A 不管　　B 管理　　C 虽然

（3）总销量已达2000万册。（第3段）

A 达到　　B 不够　　C 超过

▶ 第六步：朗读课文

（二）泛读

《平凡的世界》主要人物简介

1　《平凡的世界》以孙少安和孙少平两兄弟为中心，描写了以他们为代表的普通人，在大时代历史进程中的生活与梦想。

2　孙少安、孙少平两兄弟出生在陕北一个贫苦的农民家庭中，家里有年老多病的奶奶和年幼的妹妹。两兄弟小时候，全家人都靠父亲和姐姐干活儿挣钱过日子。高中毕业以后，作为长子的孙少安非常清楚自己的责任，虽然他内心也希望能够继续学习，但是为了能让家里的生活好一点儿，他放弃了读书，在村子里干活儿。通过努力，孙少安成了最年轻的生产队长。

生词：

1. 描写　miáoxiě　V　to describe
2. 进程　jìnchéng　N　process
3. 梦想　mèngxiǎng　N　dream
4. 贫苦　pínkǔ　Adj　poor, impoverished
5. 责任　zérèn　N　responsibility

3 家庭条件优越的田润叶被孙少安的正直和善良所吸引，但孙少安却不敢接受这份爱情。这段感情使田润叶的父亲、孙少安的领导——田福堂对孙少安产生了误会，田福堂经常阻碍孙少安的工作，甚至打击他。为了让田润叶放弃对自己的感情，孙少安跟一个外地姑娘——贺秀莲结婚了。

4 婚后的孙少安责任更重了。他要改变命运，他的梦想是带着全村人富起来。孙少安建了一个砖厂，砖厂的收入使他成了村里第一个富起来的人。但是孙少安没有满足于自己一个人富起来，而是带动全村人一起做砖厂生意。开始的时候，生意很红火，后来，由于质量管理出了问题，砖厂只好关门了，还欠了很多钱。孙少安经过深思熟虑和认真的准备，再次办起了砖厂，这次经营得特别好，很快就还清了欠债，还赚了很多钱。之后，他出钱为村里修建学校，还让村里的人到自己的砖厂工作。一切都慢慢地好起来了，幸福好像已经就在眼前了。然而就在这时，生活又跟这个多难的家庭开了个玩笑，他的妻子秀莲得了癌症……

（课文字数：608 字）

6. 优越 yōuyuè Adj superior
7. 接受 jiēshòu V to accept
8. 领导 lǐngdǎo N leader
9. 阻碍 zǔ'ài V to hinder
10. 打击 dǎjī V to discourage
11. 命运 mìngyùn N fate
12. 砖厂 zhuānchǎng brickyard
13. 欠 qiàn V to owe
14. 经营 jīngyíng V to manage
15. 欠债 qiànzhài N to be in debt
16. 癌症 áizhèng N cancer

1 内容理解

（1）孙少安家中约有几口人？（第 2 段）

______

（2）孙少安经历了哪些困难？（第 2 ～ 4 段）

______

（3）下列哪个成语的结构与第 4 段的“深思熟虑”一样？

A 老谋深算　　B 三言两语　　C 山高水深　　D 一心一意

2 说一说

如果你是孙少安，你第二次开砖厂的时候会不会让村里人到厂里工作？为什么？

（三）实况阅读

茅盾文学奖

“茅盾文学奖”是中国第一个以个人名字命名的文学奖，是中国长篇小说的最高奖项之一。1981 年，根据中国现代著名作家茅盾先生的遗愿，将其 25 万元稿费捐献出来，设立了茅盾文学奖，以鼓励、表彰长篇小说作家和作品。

茅盾文学奖在设立之初规定每三年评选一次，现为每四年评选一次，字数在 13 万以上的长篇小说都可以参加评选。自 2011 年起，茅盾文学奖的奖金从 5 万提升到 50 万，成为中国奖金最高的文学奖项之一。到 2021 年，茅盾文学奖已经举办了 10 届。

读后回答问题

①“茅盾文学奖”是：

A 一个人

B 鼓励和表彰现代长篇小说的

C 从 2011 年开始的

② 2010 年以前，“茅盾文学奖”的奖金是：

A 5 万　　B 25 万　　C 50 万

③ 根据上文介绍，关于“茅盾文学奖”不正确的是：

A 已经举办了 13 届

B 长篇小说才可以参加评选

C 现在每四年评选一次

第四部分：趣味汉语

中国的武侠小说

中国的功夫电影闻名世界，其中很多功夫电影都是根据小说拍摄的，这类小说一般被称为武侠小说。在所有的武侠小说作家中，金庸是最著名的一位。金庸是笔名，金庸 1924 年 3 月 10 日生于浙江省海宁市，本名查良镛（Zhā Liángyōng）。他是当代武侠小说作家、新闻学家、企业家，被称为中国武侠小说“四大宗师”之一。金庸的十五部武侠小说分别是：《书剑恩仇录》《碧血剑》《射雕英雄传》《神雕侠侣》《雪山飞狐》《飞狐外传》《倚天屠龙记》《鸳鸯刀》《白马啸西风》《连城诀》《天龙八部》《侠客行》《笑傲江湖》《鹿鼎记》《越女剑》。

读后回答问题

1. 以上作品名字的首字正好可以联成一副对联：飞雪连天________白鹿，笑书神侠倚碧鸳。
2. 对联中没有提到的一部小说是：________
3. 金庸作品的名字中，出现最多的一个字是：________

第六课　行万里路

第一部分：知识银行

（一）常用字

1　游　yóu 

形声字，本来只写作“斿”，字形像人拿着旗子。本义是旗子上的带状装饰物和拿着旗子行走，因此引申出了游览的意思。旗子上的飘带随风飘动的样子和水流动的样子有相似之处，因此后来又引申出了游动、河流的一段以及游泳等义，所以又加了“氵”写成“游”。

现在可用作名词、动词。现代汉语常用义：表示人或动物在水里行动；流动，不固定；河流的一段；行走观看；等等。

例：游泳（yóuyǒng，to swim）　　游走（yóuzǒu，to wander about）
　　上游（shàngyóu，upstream）　　游玩（yóuwán，to stroll about）

练习：猜一猜画线词语的意思

（1）小鱼在水里自由地游动。

（2）在河的下游有一座大桥。

（3）公园里的游人很多。

2　信　xìn 

会意兼形声字，由“亻”（人）和“言”组成。本义是人说的话真实可信，后引申为诚信、相信、信任。现在主要可用作动词和名词。

现代汉语常用义：诚实，诚信；不怀疑；消息；函件（hánjiàn，correspondence, letters）；等等。

例：信用（xìnyòng，credit）　　相信（xiāngxìn，to believe, to trust）
　　短信（duǎnxìn，text message）　　书信（shūxìn，letter）

练习：猜一猜画线词语的意思

（1）他的话你不能信。

（2）我收到一封家信。

（3）人应该言而有信。

（4）他出去几天了，到现在一点儿信儿都没有。

（二）常用书面词语

1 将： 副词，表示“动作或情况不久就会发生”。

（1）代表团将于明天抵达（dǐdá，to arrive）北京。

（2）建造这座大桥将花费几十亿人民币。

2 甚至： 连词，用来强调突出的事例。

（1）这个字非常简单，甚至三岁小孩儿都认识。

（2）他忙得甚至连饭都没时间吃。

（三）常用句式

1 除了……（以）外

（1）除了北京（以）外，中国的其他许多城市也值得一去。

（2）除了这个班的学生（以）外，没人参加下周的比赛。

练习：组句

还　　学习汉语　　他　　学习英语　　除了　　外

____

2 据（……）调查／了解／分析／研究／报道／统计，……

（1）据网上的调查，使用微信的人数已高达 10 亿。

（2）据统计，2019 年北京参加高考的人数是 59 209 人。

练习：组句

那辆车上　据　共　报道　有　33 名乘客

第二部分：技巧训练

技巧（七）：压缩句子，化繁为简

1 可以略去句子中的举例性词语。例如：

不遵守交通规则，如闯红灯、逆行、行人不走人行横道等，很容易导致交通事故。

→不遵守交通规则，很容易导致交通事故。

晚会上的节目丰富多彩，歌舞呀、小品呀，还有魔术、杂技什么的，令观众大饱眼福。

→晚会上的节目丰富多彩，令观众大饱眼福。

练习：改写句子，保留句子主干，保持句子意思不变

（1）今年，中国人出国旅游的新消费热点是巴厘岛、长滩岛、塞班岛等海岛。

（2）这种价格超过 5 万块的手机主要针对公司高管、年轻富豪、互联网新贵等高收入群体。

（3）附近有好几家超市，永辉啊、华联啊、超市发啊，都离我家不远。

2 可以略去句子中的一些重复性的熟语（shúyǔ，idiom）。例如：

他退休以后上了老年大学，真是"活到老，学到老"。

→他退休以后上了老年大学。

那家快递公司出了个小偷儿，"一粒老鼠屎坏了一锅汤"，影响了人们对那家公司的评价。

→那家快递公司出了个小偷儿，影响了人们对那家公司的评价。

练习：改写句子，保留句子主干，保持句子意思不变

（1）爷爷每天晚饭后都要出去散散步，“饭后百步走，活到九十九”，所以爷爷的身体一直挺硬朗的。

____

（2）虽然只分开了短短几天，但“一日不见，如隔三秋”，我们好像已分开了好久，非常想念对方。

____

第三部分：阅读实践

（一）精读

1 生词学习

1	出游	chūyóu	V	to go on a (sightseeing) tour	假期出游；出游人数 我喜欢跟朋友们骑车出游。
2	趋势	qūshì	N	trend	上升趋势；流行趋势 成年后，人的体能随年龄增长呈下降趋势。
3	预计	yùjì	V	to predict	预计明天到达；预计的人数 今年来我校学习的留学生预计达3000人。
4	创	chuàng	V	to create	创纪录；创新高 今年的来华留学生人数再创历史新高。
5	信誉	xìnyù	N	reputation	信誉很好；公司的信誉；没有信誉 这家公司以诚实的经营赢得了信誉。
6	规模	guīmó	N	scale	人口规模；规模很大 参观长城的游客规模超过了去年。
7	大幅	dàfú	Adv	by a big margin	大幅下降；大幅提高 今年出国游的人数有了大幅增长。

8	结构	jiégòu	N	structure	人口结构；消费结构 消费结构指各类消费支出在总消费支出中所占的比重。
9	主角	zhǔjué	N	protagonist, leading role	电影主角；当主角 她是这部电影的女主角。
10	突破	tūpò	V	to break through, to make a breakthrough	长假前四天的出游人数已突破5.2亿人次。 成都市人均出游支出突破了3万元。
11	动力	dònglì	N	motive force, driving force	学习动力；动力不足 做自己喜欢的事情才有动力。
12	常规	chángguī	Adj	conventional	常规课程 我们学院有常规班和特殊班。
			N	convention, rule, routine	按（照）常规 按常规，新生要参加分班考试。
13	小众	xiǎozhòng	N	minority	小众品牌；小众网站 “小众”是相对于“大众”而言的。
14	热点	rèdiǎn	N	hot spot	社会热点；关注热点 健身成为人们新的消费热点。
15	转移	zhuǎnyí	V	to transfer	转移注意力；热点转移 人们的注意力转移到了城市交通方面。

专有名词

1	成都市	Chéngdū Shì	PN	Chengdu, capital of Sichuan Province
2	非洲	Fēizhōu	PN	Africa
3	南美洲	Nánměizhōu	PN	South America
4	巴厘岛	Bālí Dǎo	PN	Bali
5	长滩岛	Chángtān Dǎo	PN	Boracay
6	塞班岛	Sàibān Dǎo	PN	Saipan

2 热身练习

（1）快速找出下列句子中的本课生词

① 预计整个黄金周的出游人数将达到 7.1 亿人次。

② 今年“十一”黄金周期间的旅游消费结构和趋势更值得关注。

③ 出境游消费者的关注热点正在向一些比较小众的景点和当地购物消费场所转移。

（2）选择合适的词语填空

A 大幅　　B 尤其　　C 创　　D 突破

① 预计整个黄金周的出游人数将再________历史新高。

② 今年的出游人数和收入规模有________增长。

③ 国内居民用于购买出境游产品的人均支出________了 5000 元。

④ 一些比较小众的目的地非常受欢迎，________是行程中有当地文化体验的线路最受欢迎。

3 课文：黄金周出游新趋势

► 第一步：读前思考，读后回答

思考题：

（1）黄金周出游的新趋势是什么？

（2）长假出境游的热门目的地有哪些？

1　今年的“十一”黄金周，人们享受到了长达八天的超长假期。预计整个黄金周的出游人数将达到 7.1 亿人次，再创历史新高。黄金周也是旅行社，特别是那些信誉好的知名旅行社一年中最忙的时候。

2　除了出游人数和收入规模的大幅增长外，今年“十一”黄金周期间的旅游消费结构和趋势更值得关注。品质游、深度游和休闲游已成为长假期间居民国内游和出境游的共同趋势，各类主题游产品成为黄金周旅游消费的“主角”，丰富多样的休闲度假需求增长很快。

3　据调查，国庆黄金周期间，国内居民用于购买出境游产品的人均支出突破了 5000 元，人均支出最高的成都市甚至突破了 30 000 元 / 人。全国主要二三线

城市的出境游人均支出的增长比一线城市高得多，已经成为黄金周出境游市场新的增长动力。人均支出一直在增长，说明人们对于高品质旅游产品的购买需求在不断增加。

4　长假出境游的热门目的地除了常规的新加坡、泰国、马来西亚和欧美国家外，非洲、南美洲的一些比较小众的目的地也非常受欢迎，尤其是行程中有当地文化体验的线路最受欢迎。另外，出境海岛游已经成为黄金周期间出境游的新消费热点，巴厘岛、长滩岛、塞班岛等都是非常受欢迎的目的地。

5　黄金周旅游报告显示，出境游消费者的关注热点正在从“大路货”的热门景点和知名购物中心向一些比较小众的景点和当地购物消费场所转移。例如，黄金周期间前往东欧游玩的游客，对当地的美食街和集市非常感兴趣，“像当地人一样休闲、消费”正在成为国内居民出境游的大趋势。

（课文字数：595 字）

本文改编自中国消费网 2017 年 10 月 9 日新闻《“十一”黄金周盘点：品质游与休闲游火热　凸显旅游消费升级大趋势》

► 第二步：细读课文，回答问题

（1）长假期间，居民国内游、出境游的共同趋势是什么？（第 2 段）

____

（2）黄金周出境游市场新的增长动力是什么？（第 3 段）

____

（3）哪种长假出境游线路最受欢迎？（第 4 段）

____

（4）为什么去东欧游玩的游客对当地的美食街和集市非常感兴趣？（第 5 段）

____

► 第三步：根据课文内容判断对错（在括号中填“对”“错”或“没提到”）

（1）今年的黄金周假期长达八天。（　　　　）

（2）预计今年黄金周的出游人数没有去年多。（　　　　）

（3）主要二三线城市的出境游人均支出高于一线城市。（　　　　）

（4）出境游消费者的关注热点不再是热门景点。（　　　　）

▶ 第四步：句义理解

（1）各类主题游产品成为黄金周旅游消费的“主角”。（第 2 段）

A 黄金周旅游消费以主题游为主

B 黄金周期间的旅游都是主题游

C 人们主要喜欢在黄金周期间旅游

（2）国内居民用于购买出境游产品的人均支出突破了 5000 元。（第 3 段）

A 国内居民每个人都花了 5000 多元购买出境游产品

B 国内居民的出境游费用每人突破了 5000 元

C 国内居民平均每个人支出 5000 多元购买出境游产品

▶ 第五步：词义理解（为画线词语选择合适的意思）

（1）人们享受到了长达八天的超长假期。（第 1 段）

A 特别长　　B 不长不短　　C 过长

（2）出境游消费者的关注热点正在从“大路货”的热门景点和知名购物中心向一些比较小众的景点和当地购物消费场所转移。（第 5 段）

A 普通的　　B 便宜的　　C 面积大的

▶ 第六步：朗读课文

（二）泛读

怎么游三亚最省心？

1　说到三亚，我觉得我很有发言权，因为我前后和不同的人去过那儿三次，不过每次的感受都不一样。

2　第一次我是和家人一起去的，参加了从上海出发的旅行团，行程太紧张，很累，导游还带着我们进了几个店购物，玩儿得真不愉快！

3　第二次我是和闺密一起去玩儿的，很自由，但

生词：

1. 发言权　fāyánquán　right to speak
2. 闺密　guīmì　N　(a girl's) best female friend

很麻烦。要自己提前订房、订票、找车什么的，花的时间和费用太多，租个车去爬山就花了 500 元，吃海鲜两个人花了 1800 元，去岛上玩儿还要提前预约，否则去不了。

4 第三次我提前联系了朋友推荐的三亚某个旅游网的小王，由她给我们安排了四天的行程、住宿、导游、门票、交通等，还有一天是自由活动。我们选的是豪华旅游套餐，每人 1980 元，除了五天四晚四星级酒店住宿和所有景点的门票外，还包括了导游、交通、保险的费用。上个星期我们刚回来，这是我玩儿得最满意、最省心的一次，费用比自己去要少很多。安排的房间全是海景房，很省心，也很划算。

5 这个网站是当地专门接待自由行游客的，服务很到位，没有隐形消费和购物，还可以根据游客的时间和要求合理安排路线行程，在网上的口碑特别好。我把这个网站推荐给了很多朋友。

（课文字数：451 字）

3. 提前 tíqián V (to do something) in advance
4. 否则 fǒuzé Conj otherwise
5. 豪华 háohuá Adj luxury
6. 包括 bāokuò V to include
7. 省心 shěng//xīn VO to save worries
8. 划算 huásuàn Adj to be to one's profit
9. 接待 jiēdài V to receive (a guest)
10. 到位 dàowèi Adj satisfying
11. 隐形 yǐnxíng Adj invisible
12. 口碑 kǒubēi N word-of-mouth, reputation

1 内容理解

（1）“我”第一次去三亚旅行的感受是怎样的？（第 2 段）

____

（2）“我”第二次去三亚旅行的优点和缺点是什么？（第 3 段）

____

（3）通过文中提到的网站安排行程有哪些优点？（第 4 段）

____

（4）“我”把这个网站推荐给朋友的理由是什么？（第 5 段）

____

2 说一说

你旅行时喜欢去什么地方？是通过哪种方式来安排行程的？（比如：跟家人一起、跟朋友一起、自由行、通过旅行社……）给同学们讲一讲。

（三）实况阅读

上海迪士尼双飞 3 日游费用说明

费用包含
• 交通：往返机票 • 住宿：行程中所住酒店 • 门票：行程中所包括的景点门票
费用不包含
• 因天气原因造成航班取消或更改时间等产生的费用 • 酒店内洗衣、理发、打电话、收费电视、饮料、烟酒等个人消费 • 在当地参加的自费项目以及“费用包含”中不包括的其他项目

儿童价标准：1. 儿童身高 1.0 米以下，只需支付往返机票费用；2. 儿童身高 1.0 至 1.4 米，需支付往返机票和迪士尼儿童门票费用；3. 如您的小孩儿身高超过 1.4 米，需要购买迪士尼成人门票，且需支付往返机票及住宿费用。

读后回答问题

① 上海迪士尼双飞 3 日游的费用包含哪些方面？

② 身高超过 1.4 米的小孩儿需要买迪士尼成人门票吗？

③ 酒店内的洗衣、理发等个人消费包含在旅游费用里边吗？

第四部分：趣味汉语

熟语

- 读万卷书，行万里路（dú wàn juàn shū, xíng wàn lǐ lù，Read 10,000 books and travel 10,000 *li*.）

  例：俗语说“读万卷书，行万里路”，读书和旅行可以增长我们的见识。

- 千里之行，始于足下（qiān lǐ zhī xíng, shǐ yú zú xià，A journey of a thousand *li* begins with each step.）

  例：“千里之行，始于足下”，走好每一步对取得成功都非常重要。

第七课　环境保护

第一部分：知识银行

（一）常用字

1 点 diǎn 

繁体字为“點”，形声字，“黑”为意符，“占”为声符，本义是小黑点儿。

现代汉语常用义：一定的位置；时间单位；事物特定的方面或部分；数量少。

例：地点（dìdiǎn，place）　　三点半（sān diǎn bàn，half past three）

优点（yōudiǎn，advantage）　　一点儿（yìdiǎnr，a little）

练习：选择合适的词语填空

A 两点五十　　B 好点儿　　C 缺点　　D 终点

（1）本次列车的________是北京。

（2）我们下午________下课。

（3）奶奶的病________了没有？

（4）他的________是做事不认真。

2 保 bǎo 

会意字，字形像一个人背着一个小孩儿，并伸出一只手在后面保护的样子。本义为背孩子，后来引申为抚育、保护。

现代汉语常用义：护卫；保持；保证；保险。

例：保护（bǎohù，to protect）　　保温（bǎowēn，to preserve heat）

保证（bǎozhèng，to guarantee）　　保单（bǎodān，insurance policy）

练习：猜一猜画线词语的意思

（1）这些袋子是用环保材料做的，不会污染环境。

（2）天气寒冷，大家要注意保暖。

（3）我们一定保质保量地完成工作。

（二）常用书面词语

1 诸：意思是“众、许多”。

（1）此次道路维修，给大家的出行带来诸多不便，请各位谅解。

（2）非常感谢诸位的帮助。

2 数：shù，数词，意思是“几、几个”。

（1）科学家们做了数千次实验，才得出这个结论。

（2）他数十年如一日地照顾生病的妻子。

（3）他来京数月，一直住在宾馆。

（三）常用句式

1 对（于）……来说：表示从某人、某事的角度来看。

（1）这个问题对小孩子来说，太难了。

（2）对于日本人来说，汉字不太难。

练习：用“对（于）……来说”改写句子

（1）我只学了半年汉语，这本教材我觉得有点儿难；别的同学汉语水平比我高，他们觉得这本教材不太难。

____

（2）买衣服时，老年人觉得舒服最重要，年轻人觉得漂亮更重要。

____

2 ……，从而……：表示“结果或目的”。

（1）他做了大量的调查研究，从而找到了解决问题的办法。

（2）那里新修了一个地铁站，从而解决了附近居民“出行难”的问题。

练习：根据句义，选择正确答案

多年来，大家一直努力工作，__________。

A 从而失败了

B 从而有了现在的好成绩

C 从而希望有好成绩

3 因（为）……而……

（1）他因朋友的误会而感到伤心。

（2）不要因为困难而放弃自己的梦想。

练习：用“因（为）……而……”改写句子

（1）在这次考试中，因为马虎，他丢了不少分。

____

（2）他们是在一次聚会上认识的。

____

第二部分：技巧训练

技巧（八）：根据上下文猜测人名、地名

中文人名和地名在阅读过程中可能会给留学生带来不小的困扰，由于中文的书写形式，分词是个难题，这也给留学生辨识人名、地名带来更多困难。其实可以根据上下文来猜测人名、地名。一般来说，人名常常与“先生、女士、小姐、老师、大夫”等称谓语搭配使用。还可以通过与之搭配的动词，比如“说、写、唱、笑、想”等明显具有人类活动特征的动词，来进行猜测。而与地名相搭配的常常是表示地理特征的词语，比如“山、河、湖、海、洋、岛、沙漠（shāmò，desert）”等，或者是表示行政区划的词语，如“国、省、市、区、县、乡、镇、村”等。

练习：画出下列句子中的人名或地名

（1）1903 年，吉列先生发明了可替换刮胡刀；1958 年，安藤百福先生发明了方便面；1992 年，戚石川兄弟发明了罐装八宝粥。

（2）花木兰代替父亲参加军队，并打败了入侵的敌人。

（3）目前全球面积最大的沙漠——撒哈拉大沙漠，那时可能会变得湿润起来，而阿尔卑斯山的冰雪将全部融化。

（4）格陵兰岛的冰盖（bīnggài，ice sheet）将彻底消失。

第三部分：阅读实践

（一）精读

1 生词学习

1	升	shēng	V	to rise, to go up	升高；升起来；升温 太阳每天早晨从东边升起来，黄昏（huánghūn，dusk）时从西边落下去。
2	排放	páifàng	V	to discharge	排放气体；排放污水 这家工厂向河里排放污水，污染了环境。
3	速度	sùdù	N	speed	速度很快；加快速度 我们要加快速度才能按时完成这项工作。
4	灾难	zāinàn	N	disaster	灾难深重；遭受灾难 战争给人类带来了深重的灾难。
5	沙漠	shāmò	N	desert	我下周要去沙漠旅行。
6	湿润	shīrùn	Adj	wet, moist	空气湿润；湿润的土地 刚刚下过雨，空气清新湿润。
7	融化	rónghuà	V	(of ice, snow, etc.) to melt	冰雪融化 春天来了，河里的冰开始融化了。
8	彻底	chèdǐ	Adj	thorough, complete	彻底改变；彻底解决 这件事情彻底改变了我对他的印象。
9	消失	xiāoshī	V	to disappear, to vanish	听了我的话，她脸上的笑容消失了。
10	从而	cóng'ér	Conj	thereby, thus	科技不断发展，从而给人们的生活带来了更多便利。

11	灭绝	mièjué	V	to become extinct	动植物灭绝；彻底灭绝 环境的变化让很多动植物都灭绝了。
12	意味着	yìwèizhe	V	to mean, to indicate	过了18岁的生日，就意味着你长大成人了。
13	循环	xúnhuán	V	to circulate, to cycle	循环利用；不断循环 地球上的很多资源都可以循环利用。
14	资源	zīyuán	N	resource(s)	自然资源；生活资源 我们要好好保护和利用各种自然资源。
15	中断	zhōngduàn	V	to discontinue, to suspend	中断关系；中断联系；中断演出 他出国以后，我们的联系就中断了。
16	陆地	lùdì	N	land	地球表面有陆地和海洋。
17	淹没	yānmò	V	to submerge, to drown	洪水淹没了那座小桥。
18	情景	qíngjǐng	N	scene	我一直记得我们第一次见面时的情景。

专有名词

1	撒哈拉	Sāhālā	PN	Sahara (Desert)
2	阿尔卑斯山	Ā'ěrbēisī Shān	PN	Alps
3	大堡礁	Dàbǎo Jiāo	PN	Great Barrier Reef
4	格陵兰岛	Gélínglán Dǎo	PN	Greenland
5	北冰洋	Běibīng Yáng	PN	Arctic Ocean
6	北极	Běijí	PN	North Pole
7	南极	Nánjí	PN	South Pole

2 热身练习

（1）为下面的词语找到相应的图片

① 排放 ____ ④ 淹没 ____

② 沙漠 ____ ⑤ 北极熊（běijíxióng，polar bear）____

③ 珊瑚（shānhú，coral）____ ⑥ 阔叶林（kuòyèlín，broad-leaved forest）____

A

B

C

D

E

F

（2）选择合适的词语填空

A 排放　B 灭绝　C 情景　D 淹没　E 升

① 如果按照现在的温室（wēnshì，greenhouse）气体________速度，地球 20 年内平均气温就会升高 2°C。

② 全球平均气温________高 1°C，美国南部地区将变为沙漠。

③ 全球平均气温升高 2°C，1/3 的动植物会因为天气变化而________。

④ 最终海平面上升，海边的地区将被海水________。

⑤ 什么样的________才是世界末日？难道要亲眼看到这些灾难的时候才相信有世界末日吗？

3 课文：气温升高，地球会怎么样？

▶ 第一步：读前思考，读后回答

思考题：
（1）你认为地球气温是怎样变化的？
（2）气温变化会对地球产生什么影响？

1 根据科学家的研究，如果按照现在的温室气体排放速度，地球 20 年内平均气温就会升高 2°C，这将在人类社会发展的诸多方面引发灾难性后果。科学家在对数千份科学文件进行研究后，向我们介绍了地球气温升高后将出现的灾难。

2 全球平均气温升高 1°C，美国南部地区将变为沙漠，人们将无法居住在这一地区。目前全球面积最大的沙漠——撒哈拉大沙漠，那时可能会变得湿润起来；而阿尔卑斯山的冰雪将全部融化；澳大利亚大堡礁的珊瑚将全部死亡。

3 全球平均气温升高 2°C，格陵兰岛的冰盖将彻底消失，从而使全球海平面上升 7 米。1/3 的动植物会因天气变化而灭绝。1 亿人缺水，同时世界上大部分的珊瑚将会消失。

4 全球平均气温升高 3°C，地球的环境将出现重大变化。如果全球平均气温上升 3°C，就意味着全球变暖的趋势将彻底失控。海洋大循环将会停止，地球气候会变得很不稳定，有些地区可能会突然变得很冷。

5 全球平均气温升高 4°C，对于地球的大部分地区来说都是灾难，人类的生活资源将慢慢中断。此时，北冰洋的冰盖将全部融化，北极会成为一片海洋，北极熊和其他在低温环境中生活的动物将彻底灭绝。南极的冰盖也将受到很大影响，南极西部地区的冰盖将与陆地分离，最终海平面上升，海边的地区将被海水淹没。

6 全球平均气温升高 5°C，加拿大北极圈（běijíquān，Arctic Circle）将出现绿色阔叶林，南极的深处也会出现这样的情景。但由于陆地大部分被淹没，动植物无法适应新的环境，所以将有 95% 的物种灭绝。

7 什么样的情景才是世界末日？难道要亲眼看到这些灾难的时候才相信有世界末日吗？面对气候变化这个大问题，没有人可以置身事外。我们每个人都可以通过改变自己的生活方式，为地球也是为我们自己，做一点儿力所能及的事情。

（课文字数：671字）

本文改编自中国妇女出版社2012年8月出版的《哈佛家训Ⅳ：一位哈佛博士的教子课本》，（美）威廉·贝纳德编著，张玉译

► 第二步：细读课文，回答问题

全球平均气温升高会带来什么样的变化？根据下列提示回答

升高1°C	升高2°C	升高3°C	升高4°C	升高5°C
美国南部地区	格陵兰岛的冰盖	彻底失控	生活资源	加拿大北极圈
撒哈拉大沙漠	1/3的动植物	海洋大循环	北冰洋的冰盖	南极深处
阿尔卑斯山	1亿人	地球气候	北极	95%的物种
大堡礁	大部分珊瑚		南极	

► 第三步：根据课文内容判断对错（在括号中填“对”“错”或“没提到”）

（1）全球平均气温升高2°C，格陵兰岛的冰盖将部分消失。（　　　　）

（2）全球平均气温升高3°C，生活在低温环境中的动物将灭绝。（　　　　）

（3）格陵兰岛的冰盖将比南极的冰盖融化得慢。（　　　　）

（4）全球平均气温升高5°C，95%的物种将会灭绝。（　　　　）

（5）我们将亲眼看到世界末日的情况。（　　　　）

► 第四步：句义理解

（1）如果全球平均气温升高3°C，就意味着全球变暖的趋势将彻底失控。（第4段）

A 如果全球平均气温上升3°C，那么全球变暖的趋势将完全失去控制

B 如果全球平均气温上升3°C，那么全球变暖的趋势将部分失去控制

C 如果全球平均气温上升3°C，那么全球变暖的趋势将彻底改变

（2）难道要亲眼看到这些灾难的时候才相信有世界末日吗？（第7段）

A 人们是不是只有亲眼看到这些灾难的时候才相信有世界末日？

B 人们只有亲眼看到这些灾难才会相信有世界末日

C 不要等到亲眼看到这些灾难的时候才相信有世界末日

► 第五步：词义理解（为画线词语选择合适的意思）

（1）这将在人类社会发展的诸多方面引发灾难性后果。（第 1 段）

A 最后的结果　　B 不好的结果　　C 以后的结果

（2）面对气候变化这个大问题，没有人可以置身事外。（第 7 段）

A 找到解决的办法　　B 觉得跟自己没关系　　C 觉得是自己的事

（3）为地球也是为我们自己，做一点儿力所能及的事情。（第 7 段）

A 自己的能力可以做到的　　B 自己努力做到的　　C 能及时做到的

► 第六步：朗读课文

（二）泛读

保护环境，从我做起

1　新闻里每天都有全球变暖、环境污染越来越严重、各种资源越来越少之类的话题。面对环境问题，我们该怎么办呢？其实我们可以通过改变生活方式来达到环保的目的。让我们来看看日常生活中都有哪些环保的小秘诀吧！

2　保持室内的温度夏季不低于 26°C，冬季不高于 20°C。

3　把用过的空瓶子收集起来，送到附近的回收站。

4　用环保购物袋代替纸的或塑料的购物袋。

5　关掉电视机或电子游戏机，多参加户外活动。

6　在夏季使用电风扇，少用空调。

生词：

1. 秘诀　mìjué　N　secret
2. 保持　bǎochí　V　to keep, to maintain
3. 收集　shōují　V　to collect
4. 回收　huíshōu　V　to recycle
5. 代替　dàitì　V　to replace
6. 风扇　fēngshàn　N　fan

7 买东西以前多问问自己：我确实需要它吗，可以租到或者借到吗，能找到二手货吗？

8 把用过的纸翻过来，用来画图或者写字。

9 用骑自行车或步行代替开车。

10 在你家南面种一棵高大的树，夏天能为你的房子遮挡阳光，冬天树叶掉光了，阳光可以照进房子，让家里更暖和。

11 刷牙时记得关掉水龙头。

12 在户外活动时，不要乱扔垃圾。

13 多淋浴，少泡澡，记住：5 分钟也能洗干净。

14 使用电子贺卡代替纸质贺卡。

15 每次离开房间时都记得关灯。

16 成立一家"互借图书馆"，跟你的朋友和邻居共享图书、杂志和 DVD 等物品。

17 选择可以重复使用的餐盒打包午餐，自己准备好餐具、餐巾。

18 和你的家人、朋友分享这些环保建议。

19 总之，改善环境要从我们每个人做起，一点点的努力最后会产生巨大的影响。

（课文字数：489 字）

本文改编自浙江少年儿童出版社 2010 年 12 月出版的《美国国家地理少儿版百科》，美国国家地理学会编，于梅、陈洁译

7. 翻 fān V
to turn over

8. 遮挡 zhēdǎng V
to keep out

9. 照 zhào V
(of the sun) to shine

10. 水龙头 shuǐlóngtóu N
faucet

11. 淋浴 línyù V
to take a shower

12. 泡澡 pào//zǎo VO
to take a bath

13. 贺卡 hèkǎ N
greeting card

14. 共享 gòngxiǎng V
to share

15. 重复 chóngfù V
to repeat

16. 改善 gǎishàn V
to improve

17. 巨大 jùdà Adj
huge

1 内容理解

（1）课文中介绍了多少个环保秘诀？（第 2～18 段）

（2）夏季和冬季室内的温度应该分别保持在多少度？（第 2 段）

____

（3）用过的空瓶子应该怎么处理？（第 3 段）

____

（4）用过的纸还可以怎么用？（第 8 段）

____

（5）哪种洗澡方式更环保？（第 13 段）

____

2 读后练习

根据上下文找出下列词语对应的意思并连线

秘诀	比……低
购物袋	一起用
低于	你借我的，我借你的
环保	别人不知道的好办法
共享	买东西时用的袋子
互借	变得越来越好
改善	环境保护

（三）实况阅读

阅读下面的短文，根据提示图片写出文中的环保行为

早上起床后，王可在家吃完简单的早餐，出门扫码打开一辆停在小区门口的共享单车，骑车前往自己工作的大学。从家到学校，有一条自行车专用道，没有汽车，没有摩托车，安全通畅，王可不到半个小时就到了学校。下课后，王可到食堂吃饭。为了不浪费，食堂里有半份菜窗口，可以供饭量小的人选择。食堂的电视上也一直鼓励大家“不要浪费，光盘行动”。食堂的餐具都是可重复利用的，没有一次性餐具。饭后，王可要去附近的超市买点儿东西，她自己带着布袋子，不使用超市的塑料袋。下班后，她乘坐公共汽

车回家，公共汽车使用的是新能源清洁燃料。晚餐后，她跟女儿一起把各种垃圾分好类，女儿非常熟练地把不同的垃圾放进不同的垃圾桶里。每年假期，王可都会带女儿去种树，这是王可跟女儿的一个约定。她希望女儿从小就知道，地球是我们的母亲，我们要好好保护她！

（1）__________

（2）__________

（3）__________

（4）__________

（5）__________

第四部分：趣味汉语

成语

堆积如山（duījī rú shān，to pile up like a mountain）

例：这儿的垃圾堆积如山，怎么没人管呢？

息息相关（xīxī-xiāngguān，to be closely linked）

例：人类的生存与自然环境息息相关。

第八课　科技生活

第一部分：知识银行

（一）常用字

1　度　dù 

本为会意字，字形像用手测量的样子。古代多用手、臂来测量长度，“度”本义为计量长短的标准。

现代汉语常用义：计量单位；事物的某些性质达到的程度。

例：长度（chángdù，length, longitude）　　刻度（kèdù，scale）

　　温度（wēndù，temperature）　　湿度（shīdù，humidity）

练习：猜一猜画线词语的意思

（1）这部电影在中国有很高的知名度。

（2）沙发一般的高度是 42cm 左右。

2　现　xiàn 

形声字，“𤣩”（玉）为意符，“见”为声符。本义是玉光显露、出现。现代汉语中可用作动词、副词。

现代汉语常用义：显露在外面；当时可以拿出来的；目前，当时。

例：出现（chūxiàn，to appear, to manifest）　　现金（xiànjīn，cash）

　　现做（xiàn zuò，freshly made）　　现在（xiànzài，now, at present）

练习：猜一猜画线词语的意思

（1）现实生活跟小说不一样。

（2）今天晚上我们要去看一场现代舞表演。

（3）活动现场非常热闹。

（二）常用书面词语

1 所： 助词，用在及物动词前，与及物动词构成名词性短语，多用于书面语。

（1）我所知道的只有这些。

（2）人们可以用手机对所购商品进行支付。

2 近： 动词，意思是“接近”。

（1）他年近三十，还没找到适合自己的工作。

（2）近三百人参加了学校的春季运动会。

（三）常用句式

到……为止

（1）到昨天为止，我们的工作已经完成一半了。

（2）到目前为止，已经有二十万人观看了这部电影。

第二部分：技巧训练

技巧（九）：借助虚词理解句子成分之间的关系

虚词指一般不能单独成句、意义比较抽象、有帮助造句作用的词。在阅读时，我们可以借助虚词来理解和推测句子成分之间的关系。例如：介词“比”表示两个事物进行比较，连词“因此”后边连接的是结果等。

练习：找出句中的虚词，并根据虚词的意思推测画线词语的含义

（1）虽然我对他百依百顺，但他还是不满意。

A 对他很好　　B 对他不好　　C 跟他没关系

（2）房间里很整洁，桌子、椅子、沙发和橱柜都擦得干干净净。

A 一种服装　　B 一种食品　　C 一种家具

（3）昨天我被他打了一顿。

A 我打了他　　B 他打了我　　C 我和他互相打

第三部分：阅读实践

（一）精读

1 生词学习

1	支付	zhīfù	V	to pay	支付学费；用现金支付 人们通过手机支付出租车费。
2	限制	xiànzhì	V	to limit, to restrict	限制活动；限制时间 每位同学的发言时间被限制在五分钟内。
			N	limit, restriction	有一定的限制
3	扫描	sǎomiáo	V	to scan	扫描文件；扫描照片；扫描仪 他用扫描仪扫描照片。
4	二维码	èrwéimǎ	N	QR code	商品的二维码；扫描二维码
5	开展	kāizhǎn	V	to develop, to launch	开展活动；开展业务 这是我们公司开展的新业务。
6	普及	pǔjí	V	to popularize	普及科学知识；在全国普及 这些年，网购已在年轻人中得到了普及。
7	普遍	pǔbiàn	Adj	universal, general	十分普遍；普遍现象；普遍提高 手机的使用越来越普遍了。
8	领域	lǐngyù	N	field, domain	研究领域；工作领域 中国在移动支付领域发展很快。
9	领先	lǐng//xiān	VC	to take the lead	在……领域 / 方面领先； 处于领先（的）水平 这项研究成果处于国际领先水平。
10	支付宝	zhīfùbǎo		Alipay	
11	微信	wēixìn		WeChat	
12	标签	biāoqiān	N	label, tag	商品的标签；贴标签 衣服的标签上写着价钱。

13	关注	guānzhù	V	to pay close attention to	关注学生；关注这件事；受到关注 老师需要关注学生的学习情况。 环境问题受到大家的关注。
14	现今	xiànjīn	N	nowadays	现今社会；现今世界 手机已经成了现今人们生活的必需品了。

专有名词

1	中国工商银行	Zhōngguó Gōngshāng Yínháng	PN	Industrial and Commercial Bank of China
2	招商银行	Zhāoshāng Yínháng	PN	China Merchants Bank

2 热身练习

（1）快速找出下列句子中的本课生词

① 移动支付不受时间和地点的限制。

② 中国移动与中国工商银行、招商银行合作，在广东等地开始试着开展移动支付业务。

③ 随着智能手机的普及，移动支付越来越普遍。

④ 中国移动支付的发展受到了国际社会的广泛关注。

（2）选择合适的词语填空

A 普及　　B 广泛　　C 扫描　　D 领先

① 用户通过手机________二维码，就可以完成消费支付。

② 随着智能手机的________，移动支付越来越普遍。

③ 中国在移动支付领域远远________于其他国家。

④ 中国移动支付的发展受到了国际社会的________关注。

3 课文：移动支付的发展

► 第一步：读前思考，读后回答

思考题：

移动支付对人们的生活有什么影响？

1 移动支付也称为手机支付，就是用户使用手机对所消费的商品或服务进行支付的一种方式。移动支付不受时间和地点的限制，用户可随时对账户进行查询、转账或购物消费。用户通过手机扫描二维码，就可以完成消费支付。

2 最早在1999年，中国移动与中国工商银行、招商银行合作，在广东等地开始试着开展移动支付业务。随着智能手机的普及，移动支付越来越普遍。

3 中国在移动支付领域远远领先于其他国家，人们日常生活的每一个部分都已经离不开移动支付了。对许多年轻人来说，主要通过支付宝和微信进行的移动支付，已成为生活中必不可少的一部分。与朋友一起外出吃饭时，人们常常通过扫描餐厅桌子上的二维码来付款；外出购物时，商店里一般都贴有“支持在线支付”的标签。付钱时，以前人们会问“现金还是刷卡”，现在人们会问“用微信还是支付宝”。越来越多的人出门只带手机。

4 从打车到交水电费，再到去超市购买生活必需品，移动支付几乎能满足生活的全部需要。移动支付免去了人们钱被弄坏或丢失的烦恼，人们也不再需要每天带着笨重的钱包。

5 到2017年为止，中国有约5.27亿人使用移动支付，比2014年增加了一倍多，相当于中国互联网用户数量的近一半。2017年，中国移动支付的总额高达29万亿美元（约合人民币202万亿元），是2014年的10倍、2013年的20倍。

6 中国移动支付的发展受到了国际社会的广泛关注，现今，中国人的生活已经离不开移动支付了。

（课文字数：560字）

▶ 第二步：细读课文，回答问题

（1）用户怎么用手机完成消费支付？（第1段）

____

（2）移动支付越来越普遍的原因是什么？（第2段）

____

（3）对许多年轻人来说，主要通过什么进行移动支付？（第 3 段）

___

► 第三步：根据课文内容判断对错（在括号中填“对”“错”或“没提到”）

（1）移动支付的缺点是受时间限制。（　　　　）

（2）有了移动支付后，人们不能再用信用卡进行支付了。（　　　　）

（3）中国移动支付的发展领先于其他国家。（　　　　）

（4）中国人的日常生活已经离不开移动支付了。（　　　　）

► 第四步：句义理解

（1）人们日常生活的每一个部分都已经离不开移动支付了。（第 3 段）

A 人们日常生活的每一个部分都必须用移动支付

B 人们日常生活的每一个部分都可以用移动支付

C 人们日常生活的每一个部分都不能用移动支付

（2）移动支付免去了人们钱被弄坏或丢失的烦恼，人们也不再需要每天带着笨重的钱包。（第 4 段）

A 移动支付把人们的钱弄坏或弄丢了

B 在移动支付的时候，钱可能弄坏或丢失

C 移动支付代替了人们随身带着的钱包

► 第五步：词义理解（为画线词语选择合适的意思）

（1）随着智能手机的普及，移动支付越来越<u>普遍</u>。（第 2 段）

A 受欢迎　　　　B 普通　　　　C 广泛

（2）对许多年轻人来说，主要通过支付宝和微信进行的移动支付，已成为生活中<u>必不可少</u>的一部分。（第 3 段）

A 必要的　　　　B 有没有都可以　　　　C 不必要的

► 第六步：朗读课文

（二）泛读

网络化生存

1　在互联网上，人们能够互相交流、互相沟通，这给人们的生活带来了很大的方便，也极大地改变了人们的生活习惯。网络已经逐渐成为人们生活的一部分。

2　“网络化生存”就是指人们把在互联网中的活动作为自己生活重要部分的生活方式。随着移动互联网的普及，网络化生存成为多数网民的生存方式。从网络办公、网络交友到网络购物，网络已经成为人们生活中的重要组成部分。

3　报告数据显示，2017 年，中国网民数量达到了 7.72 亿，手机已成为最主要的移动上网设备，手机的使用率从 2016 年的 95.1% 提升至 97.5%，人均每周上网时长达到了 27 个小时。

4　据统计：人们一般在早上 7 点查天气，看朋友圈；9 点收发邮件，看微博、微信；12 点在餐厅自拍、拍食物，看微博；20 点看网络电视剧；22 点看微信，逛淘宝。智能手机用户平均每人每天看 150 次手机，除了睡觉，平均每 6 分钟看一次手机。

5　对于这种情况，中国视频分享网站土豆网的创始人王微表示：“网络实际上是现实生活的一种反映。在现实生活中，人们去歌厅，去酒吧，跟朋友聚会，外出购物。在网络上，他们也可以做同样的事。”

（课文字数：431 字）

生词：

1. 数据　shùjù　N　data
2. 设备　shèbèi　N　equipment
3. 提升　tíshēng　V　to promote
4. 微博　wēibó　Weibo
5. 淘宝　táobǎo　Taobao
6. 视频　shìpín　N　video
7. 分享　fēnxiǎng　V　to share
8. 创始人　chuàngshǐrén　N　founder

1 内容理解

（1）“网络化生存”是什么意思？（第 2 段）

____

（2）最主要的移动上网设备是什么？（第 3 段）

____

（3）“网络是现实生活的反映”，这句话是什么意思？（第 5 段）

____

2 说一说

网络在哪些方面改变了你的生活？给同学们讲一讲。

（三）实况阅读

2020 年中国最受欢迎的十大移动应用软件（App）

排名	软件名称	软件类型	主要功能
1	微信	社交软件	聊天儿、发朋友圈、支付等
2	QQ	社交软件	交友、聊天儿、共享文件等
3	淘宝	购物软件	网上购物
4	支付宝	电子支付软件	支付、缴费、转账等
5	抖音	短视频软件	拍摄、分享、观看短视频，线上直播
6	百度	中文搜索软件	提供网络信息服务
7	爱奇艺	在线视频软件	提供视频内容，观看影视作品
8	微博	社交软件	分享、传播简短的即时信息
9	快手	短视频软件	拍摄、分享、观看照片和短视频，线上直播
10	QQ 浏览器	浏览器软件	浏览网页

（1）生词

① 软件	ruǎnjiàn	N	software
② 拍摄	pāishè	V	to take (a picture), to shoot
③ 搜索	sōusuǒ	V	to search
④ 在线	zàixiàn	V	to be online
⑤ 浏览	liúlǎn	V	to glance over, to browse

（2）读后回答问题

① 哪些应用软件能提供交友和聊天儿服务？

② 想要制作短视频，可以使用哪些应用软件的服务？

③ 可以通过哪个应用软件搜索需要的信息？

第四部分：趣味汉语

网络流行语

神马都是浮云（shén mǎ dōu shì fúyún，All things are of no consequence just like floating clouds.），这是2010年最火的网络流行语之一。

例：对我来说，金钱、房子、车子这些东西不重要，神马都是浮云。

厉害了我的哥（lìhaile wǒ de gē，You are really something!），这是2016年最火的网络流行语之一。

例：他赢得了乒乓球世界冠军！厉害了我的哥！

阶段测试（二）

一、选择合适的词语填空

A 赢得　　B 普及　　C 预计　　D 大幅　　E 尤其

1. 经过一段时间的努力，他的成绩有了________提高。
2. 昆明一年四季都像春天一样，所以________了“春城”的美称。
3. 我非常喜欢运动，________是踢足球。
4. 随着网络的________，人们的生活方式发生了很大变化。
5. 这项工程________到明年年底能完成。

A 建立　　B 为何　　C 限制　　D 彻底　　E 支付

6. 报名完成以后，请及时________学费。
7. 这个问题已经________解决了。
8. 这所大学________于 1908 年，已经有 100 多年的历史了。
9. 我不明白他________不同意我的建议。
10. 这次活动有年龄________，超过 70 岁的老人不能参加。

二、排列句子顺序

1. A 更是由于他的为人
   B 姚明能赢得大家的尊重
   C 不仅是因为他的努力和运气　________

2. A 也用来称呼老师
   B 夫子在古代是对男子的尊称
   C 所以人们称孔子为孔夫子　________

3. A 再创历史新高
   B 今年的“十一”黄金周
   C 预计出游人数将达到 7.1 亿人次　________

4. A 也极大地改变了人们的生活习惯
   B 在互联网上，我们能够互相交流
   C 这给我们的生活带来了很大的方便 ________

5. A 长假出境游热门目的地除了常规线路外
   B 尤其是行程中有当地文化体验的线路最受欢迎
   C 一些比较小众的目的地也非常受欢迎 ________

6. A 李明之所以会取得巨大的成功
   B 因此，尊重他人是李明的管理秘诀
   C 是因为他懂得员工都希望自己被老板尊重 ________

7. A 如果按照现在的温室气体排放速度
   B 地球 20 年内平均气温就会升高 2°C
   C 根据科学家的研究 ________

8. A 其实我们可以通过改变生活方式来达到环保的目的
   B 我们该怎么办呢
   C 面对环境问题 ________

9. A 但是作家并没有满足于已有的成果
   B 尽管这部小说已经成为经典必读作品
   C 他很快又开始了新的创作 ________

10. A 格陵兰岛的冰盖将彻底消失
    B 从而使全球海平面上升 7 米
    C 全球平均气温升高 2°C ________

三、阅读理解

1. 颜回学习认真、努力，喜欢思考，因此孔子非常喜欢他，经常表扬他，还让其他学生向颜回学习。

* 根据这段话，下列说法不正确的是：

A 颜回是孔子的学生之一

B 孔子让颜回学习别的学生

C 颜回常常受到孔子的表扬

2. 从打车到交水电费，再到去超市购买生活必需品，移动支付几乎能满足日常生活的全部需要。

* 根据这段话，我们可以知道：

A 打车、交水电费、去超市购物，都可以使用移动支付

B 移动支付能满足日常生活的全部需要

C 所有人都喜欢移动支付

3. 到 2017 年为止，中国约有 5.27 亿人使用移动支付，比 2014 年增加了一倍多，相当于中国互联网用户数量的近一半。

* 根据这段话，下列说法正确的是：

A 到 2017 年为止，使用移动支付的人数是互联网用户数量的一半

B 2017 年使用移动支付的人数是 2014 年的一倍

C 到 2017 年为止，中国大概有 5.27 亿人使用移动支付

4. 我今天要见的是一个老朋友，每次与他见面，我都会系一条红领带，因为他说我系红领带看起来很精神。

* “我”的老朋友喜欢：

A 系红色的领带　　B “我”系红色的领带　　C 与“我”见面

5. 据调查，国庆黄金周期间，国内居民用于出境游的人均支出突破了 5000 元，人均支出最高的成都市甚至突破了 30 000 元 / 人。

✱根据这段话，我们可以知道，国庆黄金周期间：

A 国内居民出境游的人均支出超过了 30 000 元

B 成都市是出境游人均支出最高的城市

C 国内居民每个人都在境外买了 5000 元以上的商品

6. 移动支付免去了人们钱被弄坏或丢失的烦恼，人们不再需要每天带着笨重的钱包。

✱这段话告诉我们：

A 移动支付让人们没有烦恼

B 钱被弄坏或丢失会给人们带来烦恼

C 没有人再带着钱包了

7. 如果全球平均气温上升 3°C，就意味着全球变暖的趋势将彻底失控，人类再也无力控制地球气温的变化。

✱全球平均气温上升 3°C，会出现什么后果？

A 全球出现变暖的趋势

B 人类没必要再控制气温变化

C 全球变暖的趋势失控

8. 长假出境游的热门目的地除了常规的新加坡、泰国、马来西亚和欧美国家外，非洲、南美洲的一些比较小众的目的地也非常受欢迎，尤其是行程中有当地文化体验的线路最受欢迎。

✱关于旅游目的地，下列说法正确的是：

A 新加坡、泰国是人们常去的旅行目的地

B 人们不喜欢去非洲和南美洲旅行

C 人们讨厌行程中含有文化体验的线路

✱根据这段话，我们可以知道：

A 常规的新加坡、泰国、马来西亚和欧美国家不再受欢迎

B 非洲、南美洲的一些旅行目的地也是常规线路

C 长假出境游中含有当地文化体验的线路特别受欢迎

9. 在你家南面种一棵高大的树，夏天能为你的房子遮挡阳光，冬天树叶掉光了，阳光可以照进房子，让家里更暖和。

- 在家的南面种一棵高大的树，夏天可以：

A 让阳光不太强烈

B 让阳光照进房子

C 让家里更明亮

- 关于“在你家南面种一棵高大的树”，下列说法不正确的是：

A 夏天能让家里更凉快

B 冬天能让家里更暖和

C 掉下的树叶可以被利用

10. 全球平均气温升高 1°C，美国南部地区将变为沙漠，人们将无法居住在这一地区。目前全球面积最大的沙漠——撒哈拉大沙漠，那时可能会变得湿润起来；而阿尔卑斯山的冰雪将全部融化。

- 全球平均气温升高 1°C，撒哈拉大沙漠会发生什么变化？

A 将会变得更大

B 将成为全球最热的地方

C 将会变得湿润起来

- 根据这段话，下列说法不正确的是：

A 全球平均气温升高 1°C，人们将无法居住在美国南部地区

B 现在全球面积最大的沙漠是撒哈拉大沙漠

C 因为阿尔卑斯山的冰雪将全部融化，所以撒哈拉大沙漠会变得湿润起来

第九课　交通趣谈

第一部分：知识银行

（一）常用字

1　道　dào 

会意字。有两种字形，左边的字形中“彳亍”表示“路”，“路”中间有一个“人”；右边字形中间的上面是一个人头，上面还有头发，下边是一只脚。“道”的本义就是人行走的路。

现代汉语常用义：路；表达，说。

例：道路（dàolù，road）　　人行道（rénxíngdào，pavement）

道谢（dào//xiè，to express thanks）　　道歉（dào//qiàn，to apologize）

练习：猜一猜画线词语的意思

（1）这是往颐和园去的道儿。

（2）听说你要结婚了，给你道喜啦！

（3）小王的女朋友能说会道的。

2　通　tōng 

形声字，“辶”为意符，“甬”为声符。本义是通过，后引申为没有阻碍、通达等义。

现代汉语常用义：无堵塞，能到达；一般的，普遍的；连接，来往。

例：通行（tōngxíng，to go through）　　通往（tōngwǎng，to lead to）

通用（tōngyòng，to be in common use）　　通常（tōngcháng，general）

沟通（gōutōng，to communicate）

练习：选择合适的词语填空

A 四通八达　　B 互通　　C 通病

（1）这儿是一个交通中心，这里的路＿＿＿＿。

（2）晚上睡得太晚，早上起不来，是年轻人的________。

（3）咱们两家公司要常联系，________消息。

（二）常用书面词语

1 莫：

（1）副词，表示"没有谁"或"没有哪一种东西"。

他一大早就不高兴，真是莫名其妙（mòmíngqímiào，without rhyme or reason）！

（2）副词，意思是"不、不要"。

莫听信谣言（yáoyán，rumor）。

2 否：

（1）表示"否定"，相当于口语的"不"。

① 这次面试你一定要好好准备，否则很难通过。（否则：如果不这样）

② 他否认偷了别人的东西。（否认：不承认）

（2）"是否、能否、可否"表示"是不是、能不能、可以不可以"。

① 你是否已经完全明白我的意思了？

② 你能否答应我这个条件？

③ 明天我们可否早一点儿出发？

（三）常用句式

1 不管……，都……：表示在任何条件下，结果或结论都不会改变。

（1）不管你去不去，我都要去。

（2）不管是中国人还是外国人，都喜欢吃烤鸭。

（3）不管我走到哪儿，都忘不了家乡。

练习：用"不管……，都……"改写句子

（1）他唱中国歌，我们喜欢；他唱外国歌，我们也喜欢。

____

（2）学生上课不能迟到，老师也不能迟到。

---

2 **……与……相关：**表示被连接的两者有关系。

（1）购买能力与收入水平相关。

（2）别问我，他的事与我不相关。

练习：下面的行为哪个与环保相关，哪个与环保不相关？

（1）买东西时，不使用一次性塑料袋。

（2）坚持每天运动。

第二部分：技巧训练

技巧（十）：利用标点符号帮助理解句义

标点符号可以传递一定的语义信息，比如：冒号（：）主要用来提示下文；顿号（、）主要用在并列的词或词组中间，表示停顿；问号（？）用在疑问句尾；叹号（！）用在感叹句尾；问号与感叹号连用（？！），常用来表示句子有疑问和感叹两种语气，而且两种语气都比较强烈；破折号（——）后边的内容常常是对前文的注释或者说明；引号（“ ”）或者用来引述别人的话，或者表示其中的词语有某些特殊含义；书名号（《 》）用来标明书名、报刊名、篇名、歌曲名等。

练习：利用标点符号理解句义，选择正确答案

（1）春节快到了，人们都忙着回家过年。可是在外国读书的丽丽——我姑姑的孩子还没有回来。

问题：丽丽是什么人？

A “我”的姑姑　　B “我”姑姑的孩子

（2）她的变化真大，十几年没见，过去的“丑小鸭”变成“白天鹅”了。

问题：这里的“丑小鸭”和“白天鹅”指什么？

A 不好看的小鸭子和白色的天鹅　　B 变化很大的女孩子

（3）最近大家都在谈论《三体》，我对此也很感兴趣。

问题：《三体》是什么？

A 一本书的名字　　B 一个人的名字

第三部分：阅读实践

（一）精读

1 生词学习

1	铁轨	tiěguǐ	N	rail, track	修建铁轨；一条铁轨
2	宽度	kuāndù	N	width, breadth	这条路的宽度不够。
3	莫名其妙	mòmíngqímiào		without rhyme or reason	大家正聊着天儿，她却莫名其妙地哭了起来。 我不明白他为什么这样说，真是莫名其妙！
4	建设	jiànshè	V	to build, to construct	建设铁路；建设国家；建设者 他们是这座美丽城市的建设者。
5	何况	hékuàng	Conj	much less, let alone	这么难的问题，大人都答不出来，何况孩子呢？ 那个房子太旧，何况价格也不便宜，我不想买。
6	尺寸	chǐcùn	N	size	量尺寸；尺寸合适 这件衣服的尺寸正合适。
7	系统	xìtǒng	N	system	电脑系统；交通系统 罗马人建立了欧洲最早的马路系统。
8	军队	jūnduì	N	army	一支军队；强大的军队 他们建立了一支强大的军队。
9	遵守	zūnshǒu	V	to observe, to abide by	遵守规定；遵守法律 每个人都必须遵守法律。
10	折	zhé	V	to snap	骨折；折断 小孩子把树枝折断了。
11	断	duàn	V	to break, to cut off	折断；打断；摔断 他从马上摔下来，腿摔断了。
12	航天	hángtiān	V	aerospace	航天飞机；航天技术；航天员 这家公司拥有尖端（jiānduān, cutting-edge）的航天技术。

13	设计	shèjì	V	to design	服装设计；设计师 这家公司设计的产品非常棒。
			N	design	这种设计能满足老年人的需求。
14	发射	fāshè	V	to launch	发射火箭（huǒjiàn，rocket）；发射场 他们要把火箭运到发射场。
15	隧道	suìdào	N	tunnel	穿过隧道；通过隧道；一条隧道 每天都有火车通过这条隧道。
专有名词					
	罗马	Luómǎ	PN	Rome	

2 热身练习

（1）为下面的词语找到相应的图片

①轨道（guǐdào，track）____　　④隧道 ____

②屁股（pìgu，bottom）____　　⑤火箭 ____

③车轴（chēzhóu，axle）____　　⑥有轨电车（yǒuguǐ-diànchē，tram）____

A

B

C

D

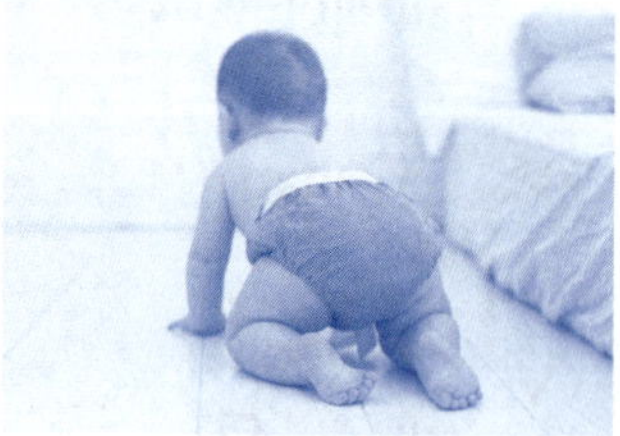

E

F

（2）选择合适的词语填空

A 理所当然　　B 系统　　C 设计　　D 遵守　　E 莫名其妙

① 其他使用这些马路的车辆，就必须________军队规定的轮距宽度。

② 美国铁路的第一批建设者，是那些建设有轨电车的人，他们________就把有轨电车轨道的宽度作为火车铁轨的宽度了。

③ 美国铁轨的宽度是 4 英尺（yīngchǐ，foot）8.5 英寸（yīngcùn，inch），是什么人决定了这个________的数字呢？

④ 据史书记录，是罗马人建立了欧洲最早的马路________。

⑤ 制造火箭助推器（huǒjiàn zhùtuīqì，booster）的公司最初把火箭助推器________得比后来的要大一些。

3 课文：美国铁轨的宽度

▶ 第一步：读前思考，读后回答

思考题：
你知道美国铁轨的宽度是由什么决定的吗？

1　美国铁轨的宽度是 4 英尺 8.5 英寸，是什么人决定了这个莫名其妙的数字呢？在花了一些时间研究以后，我们得到了一些有趣的发现。

2　美国铁路的第一批建设者，是那些建设有轨电车的人，他们理所当然就把有轨电车轨道的宽度作为火车铁轨的宽度了。更何况有轨电车已经使用了几十年，大家都看到它工作得很好。

3　那么，是谁决定了有轨电车轨道的宽度呢？在有轨电车建设的早期，许多制造公司是从生产马车转产而来的，这些公司带来了他们生产马车的技术、经验和尺寸。

4　马车的宽度是怎么来的呢？美国马车的老家在英国，英国的国家标准规定马车的轮距是 4 英尺 8.5 英寸，任何不符合这个规定的马车都无法在道路上行驶。也就是说，这个轮距的宽度是与马路的宽度相关的。那么，是谁修建了欧洲最早的马路？据史书记录，是罗马人建立了欧洲最早的马路系统，除了用于通商，还帮助他们在国家内部快速地运送军队，最初在这些马路上走的车辆就是罗马战车。这样，其他使用这些马路的车辆，就必须遵守军队规定的轮距宽度，否则他们的车轴就会被折断。

5　罗马人把马路的宽度规定为 4 英尺 8.5 英寸，是因为罗马战车的轮距正好是这个宽度，而这个宽度刚好适合两匹马一起拉车。也就是说，4 英尺 8.5 英寸这个宽度最初是由两匹马屁股的宽度决定的。

6　这个宽度还决定了美国航天飞机火箭助推器的直径（zhíjìng，diameter）。制造火箭助推器的公司最初把火箭助推器设计得比后来的要大一些，但是却遇到了一个小小的问题。要把助推器运到火箭发射场必须用火车，而火车要穿过山里的隧道。火车隧道只比 4 英尺 8.5 英寸宽一点点，也就是说，如果按照最初的设计，火箭助推器会卡（qiǎ，to wedge, to get stuck）在隧道里。因此，设计师改变了火箭助推器的尺寸，使它能够顺利通过火车隧道。

7　于是，马屁股的宽度不仅决定了人类交通工具的尺寸，还改变了人类尖端的火箭推进系统的设计。

（课文字数：735 字）

本文改编自中国妇女出版社 2007 年 1 月出版的《哈佛家训Ⅱ：一位哈佛博士的家教课本》，（美）威廉·贝纳德编著，张玉译

► 第二步：细读课文，回答问题

（1）美国铁轨的宽度是多少？（第 1 段）

____

（2）美国铁路的建设者把什么作为铁轨的宽度？（第 2 段）

____

（3）有轨电车轨道的宽度是根据什么确定的？（第 3 段）

____

（4）谁建立了欧洲最早的马路系统？（第 4 段）

____

（5）最初，罗马马路的宽度是根据什么确定的？（第 5 段）

____

（6）马屁股的宽度不仅决定了人类交通工具的尺寸，还改变了什么？（第 7 段）

____

▶ 第三步：根据课文内容判断对错（在括号中填“对”“错”或“没提到”）

（1）美国铁轨的宽度是 8.5 英尺 4 英寸。（　　　　）

（2）轮船的宽度与铁轨的宽度也相关。（　　　　）

（3）早期的有轨电车制造公司以前都是生产马车的。（　　　　）

（4）欧洲早期的马路只是为了运送军队而修建的。（　　　　）

（5）最初设计的火箭助推器比火车隧道宽。（　　　　）

▶ 第四步：句义理解

（1）任何不符合这个规定的马车都无法在道路上行驶。（第 4 段）

A 在道路上行驶的马车没有一辆符合这个规定

B 所有在路上行驶的马车都得符合这个规定

C 道路上有一些不符合这个规定的马车

（2）罗马人把马路的宽度规定为 4 英尺 8.5 英寸，是因为罗马战车的轮距正好是这个宽度。（第 5 段）

A 因为罗马人把马路的宽度规定为 4 英尺 8.5 英寸，所以罗马战车的轮距正好是这个宽度

B 为了把马路的宽度规定为 4 英尺 8.5 英寸，罗马战车的轮距使用了这个宽度

C 因为罗马战车的轮距正好是 4 英尺 8.5 英寸，所以罗马人把马路的宽度规定为这个数字

▶ 第五步：词义理解（为画线词语选择合适的意思）

（1）是罗马人建立了欧洲最早的马路系统，除了用于通商，还帮助他们在国家内部快速地运送军队。（第 4 段）

A 精通商业　　B 在不同地区之间进行贸易　　C 让商人通过

（2）最初在这些马路上走的车辆就是罗马战车。（第 4 段）

A 最后　　B 最好　　C 最早

（3）罗马人把马路的宽度规定为 4 英尺 8.5 英寸，是因为罗马战车的轮距正好是这个宽度。（第 5 段）

A 两个轮子间的距离　　B 跟轮船的差距　　C 轮子间的差距

▶ 第六步：朗读课文

（二）泛读

热气球

1　热气球是人类飞天历史中的先行者，至今已有200多年的历史了。热气球由球体、燃烧器（ránshāoqì，combustor）和吊篮（diàolán，lifting basket）组成，只要燃烧器一点燃，球体内的气体就会被加热，热气球就能带着吊篮里的人升空啦！

2　1783年，法国的两兄弟为国王、王后和巴黎（Bālí，Paris）市民进行了热气球的首次升空表演。这个热气球直径14米，吊篮中的“乘客”是一只羊、一只鸡和一只鸭。热气球升空后，把吊篮里的动物带到了450米的高空，8分钟后安全降落在了3千米外的森林中。

3　热气球为什么能飞起来呢？这是因为燃烧器点燃后，球体内的空气被加热了，热空气比冷空气轻，所以热气球就能上升了。乘坐热气球时，可以通过燃烧器打开时间的长短调整球体内空气的温度，以控制热气球的升降，还可以利用不同高度的风向来控制和改变热气球的前进方向。

4　热气球飞行是一种很受欢迎的活动，人们不仅可以乘坐热气球进行航空体育比赛、旅游参观等活动，还可以用它进行气象观测、空中广告、航空摄影等工作。

生词：

1. 点燃　diǎnrán　V　to ignite, to light
2. 乘客　chéngkè　N　passenger
3. 降落　jiàngluò　V　to land
4. 乘坐　chéngzuò　V　to take (a taxi, a bus, etc.)
5. 调整　tiáozhěng　V　to adjust
6. 航空　hángkōng　V　aviation
7. 气象　qìxiàng　N　meteorological phenomena
8. 观测　guāncè　V　to observe
9. 摄影　shèyǐng　V　to shoot, to take (a picture)

5　1999年3月1日，瑞士（Ruìshì，Switzerland）人皮尔卡（Pí'ěrkǎ）和英国人琼斯（Qióngsī）一起驾驶热气球，从瑞士出发。他们先飘向北非，然后飞过阿拉伯沙漠、东南亚、太平洋、中美洲，最后飞过大西洋，于3月20日在埃及（Āijí，Egypt）降落。他们用了20天的时间完成了人类历史上第一次乘热气球不间断环球飞行。

（课文字数：513字）

本文改编自浙江少年儿童出版社2010年12月出版的《美国国家地理少儿版百科》，美国国家地理学会编，于梅、陈洁译

10. 驾驶　jiàshǐ　V　to drive
11. 飘　piāo　V　to float
12. 间断　jiànduàn　V　to be interrupted
13. 环球　huánqiú　V　(to travel) round the world

1　内容理解

（1）热气球有多少年的历史了？（第1段）

______

（2）热气球由几部分组成？（第1段）

______

（3）第一次升空的热气球带了哪些“乘客”？（第2段）

______

（4）热气球为什么能飞起来？（第3段）

______

（5）热气球可以做哪些事情？（第4段）

______

（6）皮尔卡和琼斯乘坐热气球经过了哪些地方？（第5段）

______

2 读后练习

根据上下文找出下列词语对应的意思并连线

先行者（第1段）	使……的温度升高
至今（第1段）	第一次
加热（第1段）	先做……的人
首次（第2段）	升到空中
升空（第2段）	到现在

（三）实况阅读

列车时刻表

北京 — 广州

〈 前一天　　11-17 周四(明天)∨　　后一天 〉

时间	车站	车次/历时	票价/余票
07:40 17:14	北京西 广州南	G71 9时34分	¥862 二等座25张
10:00 18:03	北京西 广州南	G79 8时3分	¥862 可抢票
10:33 20:16	北京西 广州南	G65 9时43分	¥862 二等座436张
12:13 22:18	北京西 广州南	G67 10时5分	¥862 二等座699张
13:05 22:23	北京西 广州南	G69 9时18分	¥862 二等座501张

阅读列车时刻表，回答问题

① 从北京到广州的火车在哪个车站发车？

② 如果坐G65次列车，到广州大概几点？

③ 如果想在晚上 5:00 左右到广州，坐哪一趟（tàng，*a measure word for trips*）车比较好？

④ 从北京到广州，花时间最少的是哪一趟列车？

⑤ 现在哪一趟车剩余（shèngyú，to be left）的车票最多？

第四部分：趣味汉语

火车票的种类

C 字头	城际动车组列车，例如：北京—天津　C2001
D 字头	动车组列车，例如：北京—上海　D313
G 字头	高速动车组列车，例如：北京—成都　G307
K 字头	快速列车，例如：北京—福州　K45
L 字头	临时列车，等级比较低，停站比较多，多在假日及春运期间增设，增加运能
T 字头	特快列车，例如：北京—西安　T41
Y 字头	旅游列车
Z 字头	直达特快列车，例如：北京—青岛　Z7

第十课　传统文化

第一部分：知识银行

（一）常用字

1　相　xiàng/xiāng 

会意字，由“木”和“目”组合而成，表示用眼睛观察树木。本义是察看，后引申为互相的意思，读音也发生了变化。

现代汉语常用义：（xiàng）外表，外观；（xiāng）互相。

例：照相（zhàoxiàng，to take a photo）　长相（zhǎngxiàng，appearance, looks）

互相（hùxiāng，each other）　相识（xiāngshí，to get to know each other）

练习：选择合适的词语填空

A 相爱　B 相差　C 不相上下　D 相片

（1）我们一家人相亲________。

（2）他们俩的汉语水平________。

（3）照片跟她本人的样子________很大。

（4）这是我妈妈年轻时的________。

2　受　shòu 

会意字，字形上下各是一只手，中间是一条小船，表示一个人把船给另一个人。因此，“受”既有给予的意思，也有接受的意思。

现代汉语常用义：接纳，收下别人给的东西；忍受；遭受某种不幸或损害。

例：接受（jiēshòu，to accept）　感受（gǎnshòu，feeling）

忍受（rěnshòu，to bear, to put up with）　受苦〔shòu//kǔ，to suffer (hardships)〕

练习：猜一猜画线词语的意思

（1）时间短，工作多，大家都受累了。

（2）我最近感冒了，可真难受。

（3）这种新产品很受欢迎。

（二）常用书面词语

1 著称： 动词，意思是“因著名而被称道”，常与“以”搭配使用，构成“以……著称”的格式。

（1）杭州的西湖以景色优美著称。

（2）四川菜以麻辣著称。

2 逢： 动词，意思是“遇到、遇见”。

（1）久别重逢，他们两个人都非常激动。

（2）每当节日来临，我就特别想念家人，真是“每逢佳节倍思亲”啊！

（三）常用句式

1 ……指的是……： 对上文做解释。

（1）“网红”指的是在网上很受欢迎的人。

（2）“窗花”指的是贴在窗户上的剪纸艺术品。

（3）“师母”指的是老师的妻子。

练习：用“……指的是……”改写句子

（1）“共享单车”是大家可以共同使用的自行车。

____

（2）“白衣天使”一般说的是医生、护士。

____

2 以……为……： 意思是“把……作为……”或“认为……是……”。

（1）听力课以听为主，以说为辅。

（2）这个国家的人以胖为美。

练习：猜一猜，中国的南方人平时以什么为主食？

A 面食　　B 米饭

第二部分：技巧训练

技巧（十一）：根据标题和主题词把握语段、语篇主旨

文章的标题是表明文章主题的简短语句，可以说是全文内容的浓缩（nóngsuō，to condense）。一般来说，读者看到标题，就能了解文章主要说的是什么。

除了标题以外，主题词也有体现段落或篇章话题中心内容的作用。主题词多为名词或动词，可能是一个或几个词，有时会在文章标题中出现，在语段、语篇中也往往会多次出现。当我们在语段或语篇中看到某个表示话题的词重复出现时，基本就可以断定这个词是主题词，或者是与主题密切相关的词。

练习：

（1）给下面的文章选择一个最合适的标题

一对小姐妹走进一个花园，不久，姐姐跑出来对母亲说："妈妈，这里是个坏地方！"

"为什么呢？我的孩子。"

"因为这里的每朵花下面都有刺（cì，thorn）。"

不一会儿，妹妹跑出来对母亲说："妈妈，这里真是个好地方！"

"为什么呢？我的孩子。"

"因为这里的每丛刺上面都有花。"

母亲听了，沉思起来。

世间万物既有好的一面，又有坏的一面，关键在于你从哪个角度去看。

A 漂亮的花园　　B 换个角度看万物　　C 赏花的孩子

（2）下面这段话的主题词是什么？

长期以来，鲨鱼一直被电影、电视和书籍描写为海洋中的可怕杀手，它凶猛、恐怖，威胁着海洋中一切生物的生命。难道鲨鱼真的那么可怕吗？科学家发现，地球上大约有370多种鲨鱼，大部分鲨鱼对人类有益无害。只有少数鲨鱼，如大白鲨，才会伤害人类。

A 杀手　　B 鲨鱼　　C 生物

第三部分：阅读实践

（一）精读

1 生词学习

1	逢	féng	V	to meet, to come	相逢；逢年过节 逢年过节，我都回家跟父母一起吃团圆饭。
2	贴	tiē	V	to paste, to glue	贴窗花；贴邮票；贴上 春节时，中国人喜欢在门上贴“福”字。
3	剪	jiǎn	V	to cut (with scissors)	剪窗花；剪纸 蔚县（Yù Xiàn）的剪纸很有名。
4	气氛	qìfēn	N	atmosphere	轻松的气氛；紧张的气氛；气氛很好 会场上充满了友好的气氛。
5	追求	zhuīqiú	V	to pursue, to go after	追求理想；追求幸福； 追求那个女孩儿 在追求梦想的道路上，有欢笑也有泪水。
6	糊	hú	V	to stick with paste, to paste	糊窗户；糊信封 古代人用纸糊窗户。
7	鲜艳	xiānyàn	Adj	bright-colored	色彩鲜艳；鲜艳的服装 人们穿着色彩鲜艳的服装参加新年晚会。
8	风格	fēnggé	N	style	艺术风格；语言风格 不同民族的艺术有不同的风格。
9	精致	jīngzhì	Adj	exquisite, delicate	制作精致；精致的艺术品 这些礼品的包装很精致。
10	朴实	pǔshí	Adj	simple, plain	朴实的人；性格朴实 他的父母都是朴实的农民。
11	吉祥	jíxiáng	Adj	auspicious	新的一年，祝您吉祥顺利。
12	装饰	zhuāngshì	V	to decorate, to adorn	装饰房间 新年快到了，我们一起装饰一下儿教室吧。

13	心灵手巧	xīnlíng-shǒuqiǎo		clever and deft	她是个心灵手巧的女孩子。
14	平淡	píngdàn	Adj	flat, insipid	平淡的生活；内容平淡 他的生活过得很平淡。
15	浪漫	làngmàn	Adj	romantic	浪漫的人；浪漫的事 情人节是一个浪漫的节日。

2 热身练习

（1）快速找出下列句子中的本课生词

① 窗花指的是贴在窗户上的剪纸艺术品。

② 中国北方农村的窗户过去通常是用白纸糊的。

③ 窗花的艺术风格南北不同，南方的窗花以精致著称，而北方的窗花则以朴实为美。

④ 凡是表示吉祥意思的内容都很受欢迎，表达了人们对新的一年的美好希望。

⑤ 现在，很多中小学都开了窗花剪纸课。节日时，师生们自己动手装饰教室，既好看又有意义。

（2）选择合适的词语填空

A 逢　　B 追求　　C 平淡　　D 心灵手巧　　E 气氛　　F 鲜艳

① 古时候，每到春节或者家里有喜事的时候，人们就会在窗户上贴各种各样的窗花，一来增加热闹的________，二来也表达对美好生活的________。

② ________年过节，除旧换新，干净的白纸上贴一些色彩________的窗花，喜庆漂亮，人的心情也会愉快起来。

③“________”，心灵了，手才会巧，手巧了，心会更灵。

④ 一张彩纸通过一把剪刀在手上开出花来，不但给________的生活增加了浪漫色彩，更是一种生活的艺术。

3 课文：每逢喜事贴窗花

▶ 第一步：读前思考，读后回答

思考题：

（1）你是否注意过春节时中国人家的窗户上贴了什么？

（2）你觉得那表示什么意思？

1 窗花指的是贴在窗户上的剪纸艺术品，在中国，它是一种历史悠久的民间艺术。古时候，每到春节或者家里有喜事的时候，人们就会在窗户上贴各种各样的窗花，一来增加热闹的气氛，二来也表达对美好生活的追求。

2 窗花主要流行于中国北方地区。北方农村的窗户过去通常是用白纸糊的，逢年过节，除旧换新，干净的白纸上贴一些色彩鲜艳的窗花，喜庆漂亮，人的心情也会愉快起来。随着社会的发展，纸窗户变成了玻璃窗，但百姓们在窗户上贴窗花迎新年的传统没有改变。中国南方也有不少地区流行窗花。窗花的艺术风格南北不同，南方的窗花以精致著称，而北方的窗花则以朴实为美。

3 窗花的内容丰富多彩，贴近生活。可以是花草，可以是动物，也可以是山水风景，还可以是“福”“喜”等表示喜庆意思的汉字。凡是表示吉祥意思的内容都很受欢迎，表达了人们对新的一年的美好希望。

4 窗花的作者多为农村妇女（fùnǚ，woman），她们可能没上过大学，但心中的想法却有千千万万。拿起剪刀，三下两下就能剪出不同的花样，像变魔术（móshù，magic）一样。几千年来，这些女子用双手剪出了山水、花鸟、虫鱼等各种图案，表达着自己的情感。现在，很多中小学都开了窗花剪纸课。节日时，师生们自己动手装饰教室，既好看又有意义。

5 “心灵手巧”，心灵了，手才会巧，手巧了，心会更灵。一张彩纸通过一把剪刀在手上开出花来，不但给平淡的生活增加了浪漫色彩，更是一种生活的艺术。

（课文字数：563 字）

本文改编自中华书局 2017 年 1 月出版的《初中生必备国学常识》，中华书局编辑部编

► 第二步：细读课文，回答问题

（1）中国人什么时候会贴窗花？（第 1 段）

____

（2）中国人为什么贴窗花？（第 1 段）

____

（3）中国南方和北方窗花的艺术风格有什么不同？（第 2 段）

____

（4）什么样的窗花很受欢迎？（第 3 段）

____

（5）窗花的作者多是什么人？（第 4 段）

____

► 第三步：根据课文内容判断对错（在括号中填“对”“错”或“没提到”）

（1）剪纸艺术品被称为窗花。（　　　　）

（2）现在人们还有贴窗花迎新年的习惯。（　　　　）

（3）窗花只在中国北方地区流行。（　　　　）

（4）现在的小孩子都要学习剪窗花。（　　　　）

（5）很多国家都有剪纸这种艺术形式。（　　　　）

► 第四步：句义理解

（1）北方的窗花则以朴实为美。（第 2 段）

A 北方的窗花因为很美，所以朴实

B 北方的窗花虽然朴实，但是很美

C 北方的窗花把朴实的风格当作美

（2）拿起剪刀，三下两下就能剪出不同的花样。（第 4 段）

A 拿起剪刀，马马虎虎剪几下，就能剪出不同的花样

B 拿起剪刀，只剪三下或两下，就能剪出不同的花样

C 拿起剪刀，很快、很轻松地就能剪出不同的花样

► 第五步：词义理解（为画线词语选择合适的意思）

（1）每到春节或者家里有<u>喜事</u>的时候。（第 1 段）

A 重要的事情　　　B 喜欢的事情　　　C 喜庆的事情

（2）一来增加热闹的气氛，二来也表达对美好生活的追求。（第 1 段）

A 一边……，一边……

B 一方面……，另一方面……

C 先……，然后……

（3）逢年过节，除旧换新，干净的白纸上贴一些色彩鲜艳的窗花，喜庆漂亮。（第 2 段）

A 除了旧的，还有新的　B 去掉旧的，换上新的　C 有旧的，也有新的

► 第六步：朗读课文

（二）泛读

中秋寄相思

1 根据中国古代的日历，一年有四季，每季三个月，分别被称为孟月、仲月、季月[1]。农历八月是秋季的第二个月，八月十五也正好在八月中旬，所以八月十五这天被称作“中秋”或“仲秋”。而中秋节成为固定的节日，是从唐朝初年才开始的。中秋节是一个团圆的节日，当人们在秋天的夜晚望着明亮的圆月时，自然会想到团圆幸福，希望和家人在一起赏月、吃月饼。中秋月圆，远在他乡的人们虽然和故乡的家人望着同一个月亮，却不能回乡团圆，这引起了人们对故乡和亲人的思念。再加上秋天天气转凉，让离家在外的人更加想念家人团圆的温暖，所以很多有关中秋节的诗句都表现了思乡之情。

生词：

1. 日历 rìlì N calendar
2. 农历 nónglì N lunar calendar
3. 中旬 zhōngxún N middle ten days of a month
4. 思念 sīniàn V to think of, to miss

1 孟月（mèngyuè）、仲月（zhòngyuè）、季月（jìyuè）分别指农历一季中的第一个月、第二个月、第三个月。

2　宋代大文学家苏轼（Sū Shì）在中秋之夜想到自己和弟弟已经整整五年没有见过面了，拿起笔写下了“人有悲欢离合，月有阴晴圆缺，此事古难全。但愿人长久，千里共婵娟”这样的千古名句。

3　“今夜月明人尽望，不知秋思落谁家。”唐代诗人王建（Wáng Jiàn）没有直接写自己的思亲之情，而是用疑问语气表达出自己的感情。

（课文字数：404 字）

本文改编自中华书局 2017 年 1 月出版的《初中生必备国学常识》，中华书局编辑部编

5. 悲　bēi
sad, sorrowful
6. 缺　quē　V
to be short of, to lack
7. 但愿　dàn yuàn
if only, I wish (that)
8. 婵娟　chánjuān　N
the moon

1 内容理解

（1）仲月是一个季度中的第几个月？（第 1 段）

（2）农历八月十五为什么叫中秋节？（第 1 段）

（3）中秋节是个什么样的节日？（第 1 段）

（4）在中秋节大家都做什么？（第 1 段）

（5）课文中关于中秋节的诗句有哪些？（第 2、3 段）

2 说一说

下列诗句表达了什么情感？你知道它们的意思吗？

① 人有悲欢离合，月有阴晴圆缺，此事古难全。但愿人长久，千里共婵娟。

② 今夜月明人尽望，不知秋思落谁家。

（三）实况阅读

茶桌上的礼仪（lǐyí，etiquette）

喝茶的礼仪	喝茶的时候，要小口慢慢品，不能大口大口地喝，否则会让人们觉得饮茶者没有礼貌（lǐmào，polite）
倒茶的礼仪	在给别人倒茶时，倒七分满就可以了，意思是"七分茶，三分情"；如果倒得太满，反而（fǎn'ér，on the contrary, instead）是不礼貌的
表示感谢的礼仪	当别人给你倒茶时，你可以将右手食指和中指并（bìng，to draw close to each other）在一起，自然弯曲（wānqū，winding, crooked），轻轻敲桌面来表示感谢

本文改编自中华书局2017年1月出版的《初中生必备国学常识》，中华书局编辑部编

（1）根据表格内容判断对错（在括号中填"对""错"或"没提到"）

① 茶要大口大口地喝。(　　　　)

② 倒茶要倒满，表示热情和礼貌。(　　　　)

③ 当别人给自己倒茶时，可以点头表示感谢。(　　　　)

（2）根据表格内容，两人一组表演倒茶和感谢的礼仪

第四部分：趣味汉语

熟语

人逢喜事精神爽（rén féng xǐshì jīngshén shuǎng，People are in high spirits when involved in happy events.）

例：真是"人逢喜事精神爽"啊，老王的儿子考上了名牌大学，这几天他脸上总是带着笑容。

花好月圆（huāhǎo-yuèyuán，blooming flowers and full moon—perfect conjugal bliss）

例：中秋之夜，正是花好月圆、万家团聚之时。

第十一课 健康养生

第一部分：知识银行

（一）常用字

1 气 qì 

象形字，字形像空中飘浮的云气。后来为了与“三”（☰）区别，将第一笔和最后一笔变为曲折（气）。“气”的本义是云气，后泛指一切气体。

现代汉语常用义：表示没有一定的形状、体积，能自由散布的气体；引申为自然界寒、暖、阴、晴等现象；鼻子闻到的气味等。

例：空气（kōngqì，air）　　天气（tiānqì，weather）

气温（qìwēn，air temperature）　　气味（qìwèi，smell）

练习：猜一猜画线词语的意思

（1）水没有颜色，没有气味。

（2）孩子手里拿着一只气球。

2 明 míng 

会意字，字形左边是窗户，右边是月亮。月光照进窗户，表示“明亮”。

现代汉语常用义：明亮；看得清楚；明白，清楚。

例：明亮（míngliàng，bright）　　聪明（cōngmíng，clever）

明白（míngbai，to understand）　　说明（shuōmíng，to explain）

练习：猜一猜画线词语的意思

（1）现在太晚了，天明再去吧。

（2）明眼人一看就知道这是怎么回事。

（3）爷爷虽然已经 80 多岁了，但还是耳聪目明。

（二）常用书面词语

1 之： 助词，意思是"的"。

"汽车之家"是一个可以看车、买车、租车的网站。

2 其： 代词，意思是"他/她/它，或他/她/它的"。

（1）张女士今年80岁，其子女都在国外。

（2）李新与其女友在同一家公司工作。

（三）常用句式

1 作为……： 意思是"以某种身份或就事物的某种性质来说"。

（1）作为老师，最高兴的事情就是看到学生学习有进步。

（2）她有困难，作为朋友，我当然要帮忙。

说一说：作为学生，应该做什么，不应该做什么。

2 不仅……，而且……

（1）他不仅是我的老师，而且是我的朋友。

（2）小王不仅喜欢旅游，而且喜欢跟不同地方的人交朋友。

练习：完成句子

这座城市不仅________，而且________。

A 没有地铁；交通很方便

B 风景美丽；人口太多

C 风景美丽；历史悠久

第二部分：技巧训练

技巧（十二）：根据主题句把握文章主旨

主题句是体现文章主要观点的句子。在阅读时，能准确地识别主题句，也就等于把握住了文章的主旨。议论文的主题句一般出现在段首 / 篇首或段尾 / 篇尾部分，有时还会首尾呼应；说明文的主题句多出现在段首 / 篇首或在开篇的铺垫性文字之后、举例性说明或分项说明之前。有些文章没有一个现成的主题句，但这不等于它没有主题，其主题需要读者对文章内容进行整合，做出归纳。

练习：找出下面这段文字的主题句

饮食对健康的影响受到了人们的关注。近年来，随着经济的发展和生活水平的提高，人们越来越重视“吃什么”和“怎么吃”，不仅要吃饱、吃好，还要吃得健康。

第三部分：阅读实践

（一）精读

1 生词学习

1	创制	chuàngzhì	V	to create	创制文字；创制法律 公司的很多规定都是他创制的。
2	鹿	lù	N	deer	
3	熊	xióng	N	bear	一只熊；一头熊
4	猿	yuán	N	ape	
5	模仿	mófǎng	V	to imitate	模仿动作；模仿父母 猴子喜欢模仿人的动作。
6	养生	yǎngshēng	V	to keep in good health	养生运动；养生方法 我们可以通过锻炼达到养生的目的。
7	缓解	huǎnjiě	V	to alleviate	缓解压力；缓解疼痛 路变宽了，缓解了交通拥堵的情况。
8	腰背	yāo-bèi		waist and back	
9	脾胃	píwèi	N	spleen and stomach	

10	增强	zēngqiáng	V	to strengthen	增强信心；增强效果 大家的称赞增强了他的信心。
11	功能	gōngnéng	N	function	各种功能；功能很多 手机的功能越来越多了。
12	流传	liúchuán	V	to hand down	消息流传；流传广泛 这个故事流传了几百年。
13	后世	hòushì	N	later generations	后世子孙；对后世的影响 孔子的思想对后世影响很大。
14	气功	qìgōng	N	*qigong*, a system of deep breathing exercises	练习气功；气功大师 气功是中国的一种传统健身运动。
15	证明	zhèngmíng	V	to prove	事实证明；充分证明 事实证明这样做是对的。
16	放松	fàngsōng	V	to relax	放松身体；放松心情 运动可以帮助我们放松心情。
17	心肺	xīn-fèi		heart and lung	
18	非物质文化遗产	fēiwùzhì wénhuà yíchǎn		intangible cultural heritage	

专有名词

1	东汉	Dōng Hàn	PN	Eastern Han Dynasty
2	华佗	Huà Tuó	PN	Hua Tuo, a famous medical practitioner in the Eastern Han Dynasty
3	吴普	Wú Pǔ	PN	one of Hua Tuo's students

2 热身练习

（1）快速找出下列句子中的本课生词

① 据说五禽戏由东汉医学家华佗创制。

② 五禽戏对后世的气功、武术都有一定的影响。

③ 作为一种健身运动，五禽戏不仅可以放松身体，而且能增强心肺功能。

（2）选择合适的词语填空

A 增强　B 放松　C 模仿　D 缓解　E 流传

① 人们通过________虎、鹿、熊、猿、鸟五种动物的动作，让身体的各个部位都动起来。

② 练虎戏可以________腰背痛。

③ 练猿戏可以________呼吸功能。

④ 五禽戏________广泛，对后世的气功、武术都有一定的影响。

⑤ 五禽戏不仅可以________身体，而且能增强心肺功能。

3 课文：五禽戏

► 第一步：读前思考，读后回答

思考题：
（1）五禽戏是什么？
（2）练习五禽戏对身体有什么好处？

1 五禽戏是中国的一种传统健身运动，“禽”指动物，“五禽”就是五种动物，“戏”指的是一种运动方式。据说五禽戏由东汉医学家华佗创制，其健身效果一直受到称赞。据说华佗的学生吴普常年练习五禽戏，活到了一百岁。

2 五禽戏，包括虎戏、鹿戏、熊戏、猿戏、鸟戏，人们通过模仿虎、鹿、熊、猿、鸟五种动物的动作，让身体的各个部位都动起来，达到治病养生、锻炼身体的目的。比如，练虎戏可以缓解腰背痛，练鹿戏可以减肥，练熊戏对脾胃很好，练猿戏可以增强呼吸功能。

3 作为中国最早的健身运动，五禽戏流传广泛，对后世的气功、武术都有一定的影响。

4 现代医学研究也证明，作为一种健身运动，五禽戏不仅可以放松身体，而且能增强心肺功能。

5 一般来说，练习五禽戏时，最好在有树有草、空气新鲜的地方，比如公园。每天练习四五次，每次 10 分钟，即可达到锻炼的效果。

6 2011 年，五禽戏被评为中国国家级非物质文化遗产。

（课文字数：369 字）

► 第二步：细读课文，回答问题

（1）五禽戏是什么时候创制的？（第 1 段）

____

（2）五禽戏包括几个部分？（第 2 段）

____

（3）练习五禽戏有哪些好处？（第 2 段）

____

（4）怎么练习五禽戏可以达到比较好的锻炼效果？（第 5 段）

____

► 第三步：根据课文内容判断对错（在括号中填“对”“错”或“没提到”）

（1）华佗和他的学生练习五禽戏以后都活到了一百岁。（　　　　）

（2）老人不适合练习五禽戏。（　　　　）

（3）练鹿戏对脾胃很好。（　　　　）

（4）气功和武术都受到了五禽戏的影响。（　　　　）

► 第四步：句义理解

（1）据说五禽戏由东汉医学家华佗创制，其健身效果一直受到称赞。（第 1 段）

A 华佗创制了五禽戏

B 华佗称赞五禽戏的健身效果

C 因为五禽戏的健身效果好，所以大家都称赞华佗

（2）五禽戏流传广泛，对后世的气功、武术都有一定的影响。（第 3 段）

A 五禽戏流传广泛，一定对气功、武术有影响

B 气功、武术都受到了五禽戏的影响

C 五禽戏流传广泛，对气功、武术的影响很大

► 第五步：词义理解（说一说画线词语的意思）

（1）五禽戏是中国的一种传统健身运动。（第 1 段）

（2）据说华佗的学生吴普常年练习五禽戏，活到了一百岁。（第 1 段）

（3）每天练习四五次，每次 10 分钟，即可达到锻炼的效果。（第 5 段）

► 第六步：朗读课文

（二）泛读

我的减肥计划

1　减肥是我一生中最大的梦想，我从小就胖，一直没瘦过。以前尝试过各种减肥方法，节食减肥、吃药减肥，也曾经很明显地瘦了，可是不久就胖回去了，对身体还造成了一定的伤害。

2　这次我决定，一定要通过科学的运动加合理的饮食来减肥。10月份，我开始了我的减肥计划。

3　我的饮食是每天早餐一小碗杂粮粥加一个鸡蛋，或者一碗小米粥加一个素馅儿包子；午餐是一小碗米饭和炒青菜，加100克鸡肉或者两片牛肉；晚餐用水煮青菜或水果代替，比如黄瓜、西红柿。每餐吃七分饱，每天多吃新鲜的蔬菜水果，少吃高热量食品，不吃垃圾食品。减肥期间必须多喝水，这样可以加快新陈代谢。

4　每天早晨起床后热身10分钟，然后快走加慢跑一个小时，晚上再快走一个小时。刚开始运动要慢慢来，不要一开始就跑。运动必须在45分钟以上，这样脂肪才能“燃烧”，运动时千万不要偷懒。

5　我每天都坚持运动，运动是让我最快乐的事，运动可以让我心情好、睡眠好。这样八个月下来，我减掉了40多斤，达到了我理想的目标体重。

（课文字数：405字）

生词：

1. 尝试　chángshì　V
   to attempt
2. 节食　jiéshí　V
   to be on a diet
3. 伤害　shānghài　V
   to harm
4. 杂粮　záliáng　N
   coarse food grains
5. 素馅儿　sù xiànr
   vegetarian stuffing
6. 新陈代谢
   xīnchén-dàixiè
   metabolism
7. 热身　rè//shēn　VO
   to warm up
8. 脂肪　zhīfáng　N
   fat
9. 燃烧　ránshāo　V
   to burn
10. 偷懒　tōu//lǎn　VO
    to be lazy

1　内容理解

（1）“我”每天的三餐是什么样的？（第3段）

______

（2）减肥期间为什么要多喝水？（第 3 段）

____

（3）减肥运动应该注意什么？（第 4 段）

____

（4）“我”减肥成功的原因是什么？（第 2～5 段）

____

2 说一说

你知道哪些减肥方法？这些方法的减肥效果怎么样？给同学们讲一讲。

（三）实况阅读

健身房广告

读后回答问题

① 有多少人可以得到超值健身卡？

② 这个健身房叫什么名字？

③ 什么时候可以去健身？

④ 还可以从哪儿了解这个健身房的信息？

第四部分：趣味汉语

熟语

冬吃萝卜夏吃姜，不用医生开药方。（Dōng chī luóbo xià chī jiāng, búyòng yīshēng kāi yàofāng，Taking radish in winter and ginger in summer will keep the doctor away.）

例：俗话说得好："冬吃萝卜夏吃姜，不用医生开药方。"

饭后百步走，活到九十九。（Fàn hòu bǎi bù zǒu, huódào jiǔshíjiǔ，You'll live long if you take a walk after dinner.）

例：中国人喜欢饭后散步，因为他们相信"饭后百步走，活到九十九"。

大蒜是个宝，常吃身体好。（Dàsuàn shì gè bǎo, cháng chī shēntǐ hǎo，Garlic is good for health.）

例：很多人吃饺子和面条儿的时候喜欢吃蒜，大蒜是个宝，常吃身体好。

第十二课　语言中的文化

第一部分：知识银行

（一）常用字

1　语　yǔ 

形声字，“讠”(言）为意符，“吾”为声符。本义指谈论、议论、辩论，后又引申为说的话、语言。

现代汉语常用义：说的话；示意的动作或信号。

例：口语（kǒuyǔ，spoken language）　　语言（yǔyán，language）

　　汉语（Hànyǔ，Chinese language）　　手语（shǒuyǔ，sign language）

练习：猜一猜画线词语的意思

（1）上课的时候不要跟同学耳语。

（2）学外语时，语感很重要。

（3）你在外语学院学的是什么语种？

2　会　huì 

繁体字为“會”。会意字，字形下边是一个容器，容器里边装着东西，上边是一个盖子。本义是器盖相合，即聚合、会合。引申为相逢、见面、聚集，又引申为集会或团体，人口聚集的主要城市也称为“会”。

现代汉语常用义：表示合在一起；彼此见面；业务、社交或其他性质的集会；重要的或中心的城市。

例：会谈（huìtán，talk）　　约会（yuēhuì，appointment）

　　会议（huìyì，meeting）　　都会（dūhuì，metropolis）

练习：猜一猜画线词语的意思

（1）同学们，再见了，希望明年再相会。

（2）经理正在会客，不方便接电话。

（3）广州是广东省的省会。

（二）常用书面词语

1 自：介词，意思是“从……”。

（1）我们班有两名来自美国的同学。

（2）“奥林匹克”译自英语的 Olympic。

2 则：连词。

（1）表示因果或情理上的关系。

努力会进步，不努力则会退步。

（2）表示对比。

中国北方人爱吃咸的，南方人则爱吃甜的。

（三）常用句式

1 ……之一

（1）打篮球是我的爱好之一。

（2）端午节是中国的四大传统节日之一。

练习：组句

西安　之一　目的地　的　是　旅行　我　这次

____

2 ……被看作是……

（1）《平凡的世界》被看作是路遥的代表作。

（2）由于他出色的才能，他被看作是公司未来的接班人。

练习：完成句子

____________，被大家看作是用功的好学生。

A 他每天上课迟到

B 他的学习成绩不断提高

C 他很少参加班里的学习活动

第二部分：技巧训练

技巧（十三）：分词断句的技巧

中文书写时字字相连，词与词之间无间隔，分词断句能力是中文阅读的一项重要技能。有时，一个汉字本身是一个词，但它也可以与前边或后边相邻的字构成一个词。如果分词出现偏差，就会影响句义理解。能否正确地分词断句，跟读者的词汇量和语言知识有很大关系。例如：

（1）结婚还是独身，这 / 是 / 个人 / 的 / 选择。

* 结婚还是独身，这 / 是 / 个 / 人 / 的 / 选择。

（2）发展 / 中国 / 家用电器 / 换取外汇。

发展中国家 / 用电器 / 换取外汇。

上面的第一组句子，“个人”是一个词，由于“个”是常用量词，外国人在阅读时，容易把“个”当成后边“人”的量词。第二组句子是歧义句，不同的切分会导致对句义的不同理解。

练习：对下面句子中的画线部分进行切分

（1）这里要是没有红绿灯，行人很难过马路。

（2）我们家人人爱唱歌。

（3）那个少儿英语班长期租用我们学校的教室。

第三部分：阅读实践

（一）精读

1 生词学习

1	音译	yīnyì	V	to transliterate	“咖啡”这个词是从英语音译过来的。 音译词是外来词的一种。
2	构成	gòuchéng	N	composition	人员构成 这家公司的人员构成很合理。
			V	to constitute	……由……构成 这篇文章由两部分构成。
3	形式	xíngshì	N	form	比赛的形式；形式丰富 活动的形式和内容都很重要。
4	意译	yìyì	V	to paraphrase	有些句子很难直译，只能意译。
5	来源	láiyuán	N	source, origin	词的来源；经济来源 这些词的来源大家都不了解。 他还没工作，没有经济来源。
6	比例	bǐlì	N	proportion	师生的比例；比例很大 / 高 在我们学校，亚洲国家学生的比例最高。
7	词汇	cíhuì	N	vocabulary	汉语词汇；词汇丰富； 词汇量（liàng，quantity）
8	表意	biǎo yì		ideographic	汉字是一种表意文字。
9	缩略	suōlüè	V	to abbreviate	缩略语 “公交”是“公共交通”的缩略语。
10	色彩	sècǎi	N	color	地方色彩；感情色彩 各地的文化都有浓厚（nónghòu，strong）的地方色彩。
11	联想	liánxiǎng	V	to associate with	联想往事；产生联想；联想丰富 这幅画儿让人产生了丰富的联想。
12	供	gōng	V	to supply, to provide	供乘客休息；供人们选择 商店门口的雨伞下雨时可供顾客使用。

13	操作	cāozuò	V	to operate, to manipulate	操作电脑；操作方法 这台电脑不太容易操作。 这种机器的操作方法很简单。

2 热身练习

（1）快速找出下列句子中的本课生词

① 汉语外来词中音译词的构成形式主要有两种。

②“托福”是“ Test of English as a Foreign Language”每个单词首字母的缩略形式“TOEFL”的音译，“TOEFL”本来没有什么感情色彩。

③ 以后可能会有越来越多的外来词进入汉语，汉语的词汇也将更加丰富。

（2）选择合适的词语填空

A 联想　　B 比例　　C 来源　　D 供

① 来自英语的外来词在汉语新增外来词中的________最大。

②“奔驰”（Mercedes-Benz）、“万事达”（MasterCard）、“强生”（Johnson & Johnson）、“宝马”（BMW）等音译词，也都能让人产生丰富的________。

③“菜单”本来是指饭馆里写着菜名和价格的单子，可________客人点菜。

④ 外来词是现代汉语新词的主要________之一。

3 课文：外来词对汉语的影响

▶ 第一步：读前思考，读后回答

思考题：

（1）汉语外来词中的音译词主要有几种构成形式？

（2）外来词对汉语的影响有哪些？

1 汉语外来词通常指来自非汉语的音译词，其构成形式主要有两种：一种是纯音译的，如咖啡（coffee）；一种是音译加意译的，如啤酒（beer）。直接借用过来的日语词通常也被看作是汉语外来词，如卡拉OK、黄金周、便利店等。

2 从数量来看，改革开放（gǎigé kāifàng，reform and opening-up）以来，汉语新增外来词的数量大概有几千个，其中音译词有几百个，日语借词有几十个，

外来的字母词有一千多个。

3　从来源来看，来自英语的外来词在汉语新增外来词中的比例最大，占 85.00%，日语借词占 11.02%。汉语外来词大部分是经济、科技、文化方面的词汇。

4　由于汉字特有的表意性，不少外来词在汉语中还有了新的意思。比如，“托福”是“Test of English as a Foreign Language”每个单词首字母的缩略形式“TOEFL”的音译，“TOEFL”本来没有什么感情色彩，翻译成“托福”则使这个词有了“幸运”的意义。再如“奔驰”(Mercedes-Benz)、“万事达”(MasterCard)、“强生”(Johnson & Johnson)、“宝马”(BMW) 等音译词，也都能让人产生丰富的联想。

5　外来词除了增加了现代汉语的词汇量，还丰富了词义。如“菜单”本来是指饭馆里写着菜名和价格的单子，可供客人点菜，现在还可以表示电脑上像“菜单”一样供人们选择的操作或者命令 (mìnglìng，order)。

6　外来词是现代汉语新词的主要来源之一，随着中国与世界各国经济和文化交流的不断扩大，以后可能会有越来越多的外来词进入汉语，汉语的词汇也将更加丰富。

（课文字数：517 字）

► 第二步：细读课文，回答问题

（1）汉语外来词中的音译词的构成形式主要有哪几种？（第 1 段）

____

（2）汉语新增外来词中比例最大的是什么外来词？（第 3 段）

____

（3）“TOEFL”翻译成“托福”是利用了汉字的什么特点？（第 4 段）

____

► 第三步：根据课文内容判断对错（在括号中填“对”“错”或“没提到”）

（1）汉语外来词通常指来自非汉语的音译词。(　　　　)

（2）一些汉语外来词增加了外语里没有的感情色彩。(　　　　)

（3）汉语外来词增加了人们阅读的困难。(　　　　)

（4）汉语外来词是现代汉语新词的主要来源之一。(　　　　)

▶ **第四步：句义理解**

（1）直接借用过来的日语词通常也被看作是汉语外来词。（第 1 段）

A 汉语外来词指的是从日语中直接借用过来的词

B 汉语外来词中有的是从日语直接借用的

C 汉语外来词被日语词直接借用了

（2）外来词除了增加了现代汉语的词汇量，还丰富了词义。（第 5 段）

A 汉语的某些词以前没有意义

B 外来词使汉语中某些词的意义比以前多了

C 外来词使汉语中某些词的意义改变了

▶ **第五步：朗读课文**

（二）泛读

成功的中文译名

1 外国品牌在进入中国时，为了吸引中国用户、开发市场，第一步便是取一个中文名。一个好的译名能使消费者通过产品名字产生丰富的联想，了解产品的信息，有利于产品的销售。

2 “家乐福”就是一个非常成功的中文译名。“家乐福”是一家法国零售集团的名字，原文是法语“Carrefour”，意思是“十字路口”，因为家乐福公司最早位于巴黎郊区一个小镇的十字路口。“家乐福”这个名字非常中国化，让人感到通俗亲切。中国人非常重视家庭，而且这个名字又能让人联想到快乐和幸福，谁会不愿意光顾这样的地方呢？

3 美国的快餐品牌“Subway”本来的意思是“地铁”，如果直译成“地铁”，人们一定不明白这是什

生词：

1. 通俗 tōngsú Adj popular
2. 光顾 guānggù V to patronize

么地方。翻译成中文“赛百味”后，既和“Subway”发音相近，又让人联想到“赛过百味”的美食，人们一定会想去品尝一下儿。

4 可口可乐公司的一个汽水品牌“Sprite”的译名是“雪碧”(Xuěbì)，会让人们一下子就想到雪和绿色，令人产生一种特别凉快、舒服的感觉。

5 “百事可乐”(Pepsi-Cola) 的翻译也非常成功，这已经不只是一种饮料的名字了，更多的是体现出了一种乐观的人生态度。“宜家”的外文名“IKEA”由四个单词的首字母组合而成，分别是品牌创始人的名字、农场名和村庄名。中文译名“宜家”则给人一种舒适、温暖的家的感觉。“UNIQLO”是个很难读的英文名，翻译成“优衣库”之后，既好读又好记，还体现了产品的优质。

（课文字数：526 字）

3. 体现 tǐxiàn V to reflect
4. 乐观 lèguān Adj optimistic
5. 舒适 shūshì Adj comfortable

1 内容理解

（1）外国品牌在进入中国时第一步要做什么？（第 1 段）

____

（2）好的译名有什么作用？（第 1 段）

____

（3）“家乐福”为什么是一个非常成功的中文译名？（第 2 段）

____

2 说一说

给你们国家的知名品牌起个中文名字。

（三）实况阅读

联合国的6种工作语言

语种	主要分布地区	作为母语的人数
英语	英国、爱尔兰，北美洲、大洋洲以及非洲一些国家和地区	3.7亿人左右
汉语	中国和新加坡、马来西亚、缅甸、泰国等东南亚国家	12.0亿人左右
法语	法国、加拿大、比利时、瑞士及非洲一些国家	0.8亿人左右
俄语	俄罗斯、白俄罗斯、哈萨克斯坦等国家和地区	1.5亿人左右
西班牙语	西班牙和拉丁美洲国家	4.4亿人左右
阿拉伯语	中东和北非地区	2.9亿人左右

阅读上表，回答问题

① 联合国的工作语言有哪几种？

② 通行于中东和北非地区的语言是什么？

③ 哪种语言的使用人数最多？

④ 拉丁美洲国家使用的是哪一种语言？

第四部分：趣味汉语

含“语”的成语

甜言蜜语（tiányán-mìyǔ，sweet words）

例：他的甜言蜜语让女朋友很感动。

自言自语（zìyán-zìyǔ，to speak to oneself）

例：这孩子一边玩儿游戏，一边自言自语。

千言万语（qiānyán-wànyǔ，thousands of words）

例：他们很久没见面了，一见面好像有千言万语要告诉对方。

阶段测试（三）

一、选择合适的词语填空

A 系统　B 符合　C 来源　D 贴　E 风格

1. 这种做法不________公司的规定。
2. 大门上________着“闲人免进”四个字。
3. 你喜欢什么________的建筑？中式的还是西式的？
4. 外来词是现代汉语新词的________之一。
5. 中国历史上的首位皇帝秦始皇建立了中国最早的公路________。

A 气氛　B 装饰　C 模仿　D 功能　E 缓解

6. 快过年了，到处都________得很漂亮。
7. 打太极拳可以________紧张的心情。
8. 你了解这种新手机的各种________吗？
9. 毕业晚会上充满了快乐的________。
10. 这种动作很危险，千万不要________。

二、排列句子顺序

1. A 另外一种是音译加意译的
   B 一种是纯音译的
   C 汉语外来词通常指来自非汉语的音译词　________

2. A 运动必须在 45 分钟以上
   B 刚开始运动要慢慢来，不要一开始就跑
   C 这样才能达到让脂肪“燃烧”的目的　________

3. A 还可以快速地运送军队
   B 罗马人建立了欧洲最早的马路系统
   C 除了用于通商　________

4. A 二来也是表达对美好生活的追求
B 一来是增加热闹的气氛
C 人们在窗户上贴各种各样的窗花 ________

5. A 但在窗户上贴窗花迎新年的传统习惯却保留了下来
B 随着社会的发展
C 纸窗户在现代基本消失了 ________

6. A 而北方的窗花则以朴实为美
B 南方的窗花以精致著称
C 中国窗花的艺术风格因南北差异而有不同 ________

7. A 五禽戏由东汉医学家华佗创制
B 据说他的学生常年练习五禽戏，活到了一百岁
C 其健身效果一直受到称赞 ________

8. A 一般来说
B 最好在有树有草、空气新鲜的地方
C 练习五禽戏时 ________

9. A 五禽戏得到了广泛流传和发展
B 对后世的气功、武术都有一定的影响
C 作为中国最早的健身运动 ________

10. A 是因为罗马战车的轮距正好是这个宽度
B 罗马人把马路的宽度规定为 4 英尺 8.5 英寸
C 而这个宽度刚好适合两匹马一起拉车 ________

三、阅读理解

1. 母亲年纪大了，平时都是一个人住。小王不管工作有多忙，到了周末都要抽空儿去看看母亲，给母亲做顿饭，陪母亲聊聊天儿。

★关于小王，正确的是：

A 小王和母亲住在一起

B 小王工作不忙

C 小王周末去看母亲

2. 作为两个孩子的妈妈，她不仅要照顾孩子们的日常生活，而且要辅导孩子们的学习，哪儿还有时间工作？所以她很早就辞了职，专心在家做起了全职妈妈。

★关于“她”，我们可以知道：

A 还在工作　　B 刚刚辞了职　　C 要照顾两个孩子

3. 阅读能力强的人不仅容易找到工作，而且工资也比较高。另外，阅读考试的分数往往还能反映一个国家的教育水平。

★阅读能力强的人一般：

A 容易找到工作　　B 工作很轻松　　C 考试成绩好

4. 中国有 56 个民族，每个民族都有自己的习俗，许多民族都有自己的语言和文字。

★根据这段话可以知道，中国的民族：

A 各有各的习俗　　B 有 65 个　　C 都有自己的语言和文字

5. 有些父母不管孩子喜不喜欢，就让孩子学音乐。他们觉得是为了孩子好，可是如果不尊重孩子的意愿，就会给孩子很大的压力，可能还会影响孩子学习。

★关于文中提到的这些父母，正确的是：

A 压力很大　　B 认为自己做得对　　C 尊重孩子的意愿

6. 以前，超市提供免费的塑料袋，塑料袋用起来很方便，但是严重污染环境。现在，中国的超市早就不再提供免费的塑料袋了，让人们养成了保护环境的好习惯。

✱关于塑料袋，我们可以知道：

A 污染环境　　B 超市免费提供　　C 非常便宜

7. 有一些老年人不管天气有多冷，从来不戴帽子，以为这样可以锻炼身体，适应寒冷。其实这样做容易引起感冒、头疼等各种问题，是不对的。

✱冬天不戴帽子的话，老年人可能怎么样？

A 身体健康　　B 适应寒冷　　C 容易生病

8. 外来词是现代汉语新词的主要来源之一，随着中国与世界各国经济、科技和文化交流的不断扩大，以后可能会有越来越多的外来词进入汉语，汉语的词汇将更加丰富，开放的汉语也会更有活力。

✱根据这段话，下列说法正确的是：

A 汉语新词来源于外来词

B 汉语词汇还不太丰富

C 今后汉语中的外来词可能会越来越多

✱关于外来词，作者的态度可能是：

A 支持　　B 反对　　C 不知道

9. 窗花的作者多为农村妇女，她们可能没上过大学，但心中的想法却有千千万万。拿起剪刀，三下两下就能剪出不同的花样，像变魔术一样神奇。几千年来，这些女子用双手剪出了山水、花鸟、虫鱼等各种图案，表达着自己的情感。

✱关于窗花，不正确的是：

A 窗花是一种神奇的魔术

B 制作窗花的工具是剪刀

C 窗花的图案多种多样

✱关于窗花的作者，我们可以知道：

A 都是农村妇女

B 没有知识，想法不多

C 会用窗花表达自己的感情

10. 大部分人出去逛街，都会选择在天气好的时候，因为好天气不仅方便人们逛街，而且还会给人们带来好心情。而我却不一样，我喜欢逛街，只要有了出去的想法，就会出去逛街，而不大注意天气的好坏。越是在下雨或者下雪的天气里，我越喜欢自己一个人打着伞在街上散步，就像电影里的画面，我觉得那样非常浪漫。

* “我”最有可能在什么时候出去逛街？

  A 周末时　　B 想去时　　C 天气好时

* 关于“我”，下列说法正确的是：

  A 喜欢在下雨或下雪的天气里逛街

  B 天气好的时候不爱逛街

  C 喜欢看浪漫的电影

附　录

语法术语缩略形式一览表

缩略形式 Abbreviations	英文名称 Grammar Terms in English	中文名称 Grammar Terms in Chinese
Adj	Adjective	形容词
Adv	Adverb	副词
Conj	Conjunction	连词
IE	Idiomatic Expression	习惯用语
M	Measure Word	量词
N	Noun	名词
Nu	Numeral	数词
PN	Proper Noun	专有名词
Prep	Preposition	介词
Pron	Pronoun	代词
Pt	Particle	助词
Q	Quantifier	数量词
V	Verb	动词
VC	Verb plus Complement	动补式动词
VO	Verb plus Object	动宾式动词

生词表

A		
阿尔卑斯山	Ā'ěrbēisī Shān	7
癌症	áizhèng	5
岸	àn	2
B		
巴厘岛	Bālí Dǎo	6
包括	bāokuò	6
保持	bǎochí	7
保留	bǎoliú	1
抱怨	bàoyuàn	4
爆炒	bàochǎo	1
悲	bēi	10
北冰洋	Běibīng Yáng	7
北极	Běijí	7
比例	bǐlì	12
变迁	biànqiān	5
标签	biāoqiān	8
表意	biǎo yì	12
C		
材料	cáiliào	1
操作	cāozuò	12
曹操	Cáo Cāo	2
曹冲	Cáo Chōng	2
差别	chābié	1
婵娟	chánjuān	10
长滩岛	Chángtān Dǎo	6
尝试	chángshì	11
常规	chángguī	6
彻底	chèdǐ	7
称	chēng	1
称	chēng	2
称号	chēnghào	1
称赞	chēngzàn	2
成都市	Chéngdū Shì	6
成功	chénggōng	4
成语	chéngyǔ	3
乘客	chéngkè	9
乘坐	chéngzuò	9
秤	chèng	2
尺寸	chǐcùn	9
充满	chōngmǎn	3
重复	chóngfù	7
出色	chūsè	4
出游	chūyóu	6
除非	chúfēi	4
厨师	chúshī	1
传播	chuánbō	2
传统	chuántǒng	3
创	chuàng	6
创始人	chuàngshǐrén	8
创制	chuàngzhì	11
词汇	cíhuì	12
从而	cóng'ér	7
脆	cuì	1
D		
打击	dǎjī	5
大堡礁	Dàbǎo Jiāo	7
大葱	dàcōng	1
大幅	dàfú	6
代替	dàitì	7
担任	dānrèn	4
但愿	dàn yuàn	10
到位	dàowèi	6
地位	dìwèi	2
点燃	diǎnrán	9
东汉	Dōng Hàn	11

董事长	dǒngshìzhǎng	4
动力	dònglì	6
断	duàn	9
E		
而	ér	1
二维码	èrwéimǎ	8
F		
发表	fābiǎo	5
发财	fā//cái	1
发射	fāshè	9
发言权	fāyánquán	6
翻	fān	7
妨碍	fáng'ài	4
放弃	fàngqì	4
放松	fàngsōng	11
非物质文化遗产	fēiwùzhì wénhuà yíchǎn	11
非洲	Fēizhōu	6
分享	fēnxiǎng	8
奋斗	fèndòu	5
风格	fēnggé	10
风扇	fēngshàn	7
风俗	fēngsú	1
逢	féng	10
否则	fǒuzé	6
符合	fúhé	3
福建	Fújiàn	1
福州	Fúzhōu	1
富有	fùyǒu	1
G		
改善	gǎishàn	7
感动	gǎndòng	2
胳膊	gēbo	4
格陵兰岛	Gélínglán Dǎo	7
隔	gé	4
个性	gèxìng	3
根据	gēnjù	3
功能	gōngnéng	11
供	gōng	12
宫保鸡丁	gōngbǎo jīdīng	1
共享	gòngxiǎng	7
构成	gòuchéng	12
鼓励	gǔlì	4
关注	guānzhù	8
观测	guāncè	9
官	guān	1
官员	guānyuán	2
管理	guǎnlǐ	3
冠军	guànjūn	4
光顾	guānggù	12
广泛	guǎngfàn	3
规模	guīmó	6
闺密	guīmì	6
H		
汉朝（代）	Hàncháo (dài)	1
杭州	Hángzhōu	1
航空	hángkōng	9
航天	hángtiān	9
豪华	háohuá	6
合理	hélǐ	4
何况	hékuàng	9
贺卡	hèkǎ	7
后代	hòudài	1
后世	hòushì	11
糊	hú	10
花生	huāshēng	1
划算	huásuàn	6
华佗	Huà Tuó	11
环球	huánqiú	9
缓解	huǎnjiě	11
黄瓜	huángguā	1
回收	huíshōu	7

获得	huòdé	1
J		
基础	jīchǔ	5
吉祥	jíxiáng	10
记号	jìhao	2
纪念	jìniàn	1
技术	jìshù	4
继续	jìxù	5
驾驶	jiàshǐ	9
检查	jiǎnchá	4
减少	jiǎnshǎo	3
剪	jiǎn	10
间断	jiànduàn	9
建设	jiànshè	9
降落	jiàngluò	9
教练	jiàoliàn	4
接待	jiēdài	6
接受	jiēshòu	5
节食	jiéshí	11
结构	jiégòu	6
结果	jiéguǒ	4
金额	jīn'é	3
进程	jìnchéng	5
经典	jīngdiǎn	5
经济	jīngjì	3
经历	jīnglì	2
经营	jīngyíng	5
精致	jīngzhì	10
巨大	jùdà	7
拒绝	jùjué	2
军队	jūnduì	9
K		
开展	kāizhǎn	8
刻苦	kèkǔ	4
口碑	kǒubēi	6
宽度	kuāndù	9
困难	kùnnan	5
L		
来历	láilì	1
来源	láiyuán	12
浪漫	làngmàn	10
老板	lǎobǎn	4
乐观	lèguān	12
里约	Lǐyuē	4
理所当然	lǐsuǒdāngrán	3
联想	liánxiǎng	12
淋浴	línyù	7
领导	lǐngdǎo	5
领先	lǐng//xiān	8
领域	lǐngyù	8
流传	liúchuán	11
陆地	lùdì	7
鹿	lù	11
路遥	Lù Yáo	5
罗马	Luómǎ	9
落后	luò//hòu	5
M		
满足	mǎnzú	5
茅盾文学奖	Máo Dùn Wénxuéjiǎng	5
梦想	mèngxiǎng	5
秘诀	mìjué	7
描写	miáoxiě	5
灭绝	mièjué	7
明朝	Míngcháo	2
明清时期	Míng-Qīng Shíqī	1
明显	míngxiǎn	3
命运	mìngyùn	5
摸	mō	4
模仿	mófǎng	11
莫名其妙	mòmíngqímiào	9

目标	mùbiāo	5
N		
南极	Nánjí	7
南美洲	Nánměizhōu	6
嫩	nèn	1
农村	nóngcūn	3
农历	nónglì	10
P		
排放	páifàng	7
泡澡	pào//zǎo	7
脾胃	píwèi	11
飘	piāo	9
贫苦	pínkǔ	5
平安	píng'ān	1
平淡	píngdàn	10
朴实	pǔshí	10
普遍	pǔbiàn	8
普及	pǔjí	8
Q		
气氛	qìfēn	10
气功	qìgōng	11
气象	qìxiàng	9
欠	qiàn	5
欠债	qiànzhài	5
情景	qíngjǐng	7
趋势	qūshì	6
去世	qùshì	1
缺	quē	10
R		
燃烧	ránshāo	11
热点	rèdiǎn	6
热身	rè//shēn	11
人均	rénjūn	3
认可	rènkě	4
任何	rènhé	2
日历	rìlì	10

日益	rìyì	3
融化	rónghuà	7
S		
撒哈拉	Sāhālā	7
塞班岛	Sàibān Dǎo	6
扫描	sǎomiáo	8
色彩	sècǎi	12
沙漠	shāmò	7
陕北	Shǎnběi	5
善良	shànliáng	2
伤害	shānghài	11
设备	shèbèi	8
设计	shèjì	9
摄影	shèyǐng	9
甚至	shènzhì	3
升	shēng	7
省心	shěng//xīn	6
湿润	shīrùn	7
时代	shídài	3
视频	shìpín	8
收集	shōují	7
舒适	shūshì	12
输	shū	4
数据	shùjù	8
水龙头	shuǐlóngtóu	7
思念	sīniàn	10
宋朝（代）	Sòngcháo (dài)	1
苏南	Sūnán	1
素馅儿	sù xiànr	11
速度	sùdù	7
随口	suíkǒu	2
隧道	suìdào	9
缩略	suōlüè	12
T		
态度	tàidù	2
淘宝	táobǎo	8

讨个吉利	tǎo gè jílì	3
提前	tíqián	6
提升	tíshēng	8
体现	tǐxiàn	12
调整	tiáozhěng	9
贴	tiē	10
铁轨	tiěguǐ	9
停止	tíngzhǐ	2
通过	tōngguò	5
通俗	tōngsú	12
统计	tǒngjì	3
偷懒	tōu//lǎn	11
突破	tūpò	6
团圆	tuányuán	1
脱	tuō	2
	W	
微博	wēibó	8
微信	wēixìn	8
稳定	wěndìng	2
吴国	Wúguó	2
吴普	Wú Pǔ	11
	X	
系统	xìtǒng	9
鲜艳	xiānyàn	10
现今	xiànjīn	8
限制	xiànzhì	8
详细	xiángxì	1
象	xiàng	2
消失	xiāoshī	7
小众	xiǎozhòng	6
心肺	xīn-fèi	11
心灵手巧	xīnlíng-shǒuqiǎo	10
新陈代谢	xīnchén-dàixiè	11
信誉	xìnyù	6
形式	xíngshì	12
熊	xióng	11
循环	xúnhuán	7
训练	xùnliàn	4
	Y	
淹没	yānmò	7
养生	yǎngshēng	11
腰背	yāo-bèi	11
意味着	yìwèizhe	7
意译	yìyì	12
音译	yīnyì	12
隐形	yǐnxíng	6
赢得	yíngdé	5
影响	yǐngxiǎng	5
勇敢	yǒnggǎn	5
优越	yōuyuè	5
尤其	yóuqí	3
预计	yùjì	6
猿	yuán	11
越南	Yuènán	2
	Z	
杂粮	záliáng	11
灾难	zāinàn	7
责任	zérèn	5
增强	zēngqiáng	11
招牌	zhāopai	4
招商银行	Zhāoshāng Yínháng	8
照	zhào	7
遮挡	zhēdǎng	7
折	zhé	9
浙江	Zhèjiāng	1
证明	zhèngmíng	11
支持	zhīchí	4
支付	zhīfù	8
支付宝	zhīfùbǎo	8
脂肪	zhīfáng	11
中断	zhōngduàn	7

中国工商银行	Zhōngguó Gōngshāng Yínháng	8
中旬	zhōngxún	10
主角	zhǔjué	6
祝福	zhùfú	3
著名	zhùmíng	4
砖厂	zhuānchǎng	5
转移	zhuǎnyí	6
装饰	zhuāngshì	10
追求	zhuīqiú	10
资源	zīyuán	7
自在	zìzai	2
阻碍	zǔ'ài	5
罪犯	zuìfàn	2
尊重	zūnzhòng	5
遵守	zūnshǒu	9

版权声明

《乐读——国际中文阅读教学课本》是一套中文阅读教材，其中部分课文是在真实文本的基础上改写而成的。由于时间、地域等多方面的原因，我们在无法与权利人一一取得联系的情况下使用了有关作者的作品，同时因教学需要，对作品进行了细微调整。尽管我们力求忠实于原作品，但仍可能使作品失去一些原有的光彩。对此，我们深表歉意并衷心希望得到权利人的理解和支持。另外，有些作品由于无法了解作者的信息，未署作者的姓名，请权利人谅解。希望原作者与我们联系。

编　者